LANGENSCHEIDTS MUSTERBRIEFE

100 Briefe Spanisch

für Export und Import

Neubearbeitung
von
Birgit Abegg und Julián E. Moreno

LANGENSCHEIDT
BERLIN · MÜNCHEN · WIEN · ZÜRICH · NEW YORK

Die in den Musterbriefen verzeichneten Namen, Anschriften usw. sind mit einigen Ausnahmen fingiert; die darin enthaltenen Warenpreise sind, da sie dauernden Schwankungen unterliegen, nicht als maßgebend anzusehen.

Auflage:	5.	4.	3.	2.	Letzte Zahlen
Jahr:	2004	03	02	01	maßgeblich

Druck: Druckhaus Langenscheidt, Berlin-Schöneberg
Printed in Germany
ISBN 3-468-41343-2

Vorwort

*Langenscheidts Musterbriefe** sind allen, die Fremdsprachen lernen, und allen, die Geschäftsbriefe in einer fremden Sprache schreiben müssen, wohl vertraut. Die in dieser Reihe vorgestellten Musterbriefe haben sich bewährt; man kann sie in der Praxis mit großem Nutzen verwenden.

Die vorliegenden Briefe wurden neu gestaltet und in Inhalt, Stil und Form der heutigen Geschäftspraxis angepasst. Neben einer selbstverständlich auf den neuesten Stand gebrachten Einweisung in die äußere Form des spanischen Geschäftsbriefes, die ebenso für die spanischsprachigen Länder Lateinamerikas Gültigkeit hat, werden auch die spanischen Postleitzahlen und Fax und E-Mail behandelt. Die einleitenden Kapitel enthalten auch wichtige postalische Vermerke sowie Kommentare zu Silbentrennung, Interpunktion und Groß- und Kleinschreibung.

Den Musterbriefen selbst folgen am Ende einige nützliche Anhänge, einschließlich eines Verzeichnisses wichtiger Handelsabkürzungen und einer Sammlung von Briefmustern und Formularen im Original-Layout. Ein ausführliches alphabetisches Sachregister am Ende erleichtert den schnellen Zugriff zu dem gewünschten Brief oder Begriff.

Die Autoren der Neubearbeitung sind Birgit Abegg, staatlich anerkannte Übersetzerin und Gerichtsdolmetscherin, die seit langem in Firmen der deutschen Industrie wie auch als Dozentin für Wirtschaftssprachen tätig ist, und Julián E. Moreno, der auf eine langjährige Tätigkeit bei einer deutschen Großbank als Übersetzer und im Auslands- und Emissionsgeschäft zurückblicken kann. Beide Autoren sind seit vielen Jahren im Prüfungsausschuss der Industrie- und Handelskammer in Düsseldorf für den Bereich Spanisch tätig.

Autoren und Redaktion möchten sich bei der Banco Popular Español, Madrid für die erhaltene Unterstützung sowie die Bereitstellung der Originalvorlagen und bei Herrn Antonio Martínez Cestero, Licenciado en Derecho, von der Handelsabteilung des Spanischen Generalkonsulats in Düsseldorf für die kritische Durchsicht und Bearbeitung des Manuskripts bedanken.

LANGENSCHEIDT

* *Langenscheidts Musterbriefe* liegen auch für die englische, französische, italienische und deutsche Sprache vor.

Inhaltsverzeichnis

Die äußere Form des spanischen Geschäftsbriefes

Form:

Obwohl die eingerückte Form der Textanordnung in Spanien noch häufig anzutreffen ist, geht die moderne Tendenz eindeutig zur uneingerückten Blockform. Das heißt, alle Angaben und ebenso der Brieftext werden ohne Einrücken an den linken Rand gesetzt, auch das Datum, die Schlussformel und die Unterschrift beginnen am linken Rand. Dies gilt ebenso für die spanischsprachigen Länder Lateinamerikas.

Interpunktion:

Auch hier verfährt man im Zeitalter des Computers großzügig. Der Trend geht eindeutig zur offenen Zeichensetzung, bei der außer im Brieftext keinerlei Interpunktion erfolgt. Es gibt jedoch noch die gemischte Zeichensetzung mit einem Doppelpunkt nach der Anrede und einem Komma nach der Schlussformel oder die geschlossene Zeichensetzung, bei der auch in der Anschrift nach jeder Zeile ein Komma steht.

Die bevorzugte Form des spanischen Geschäftsbriefes besteht aus folgenden Teilen:

1. Briefkopf (membrete)
2. Datum (fecha)
3. Name und Anschrift des Empfängers (nombre y señas del destinatario)
4. Betreff- oder Stichwortzeile (asunto o referencia)
5. Anrede (salutación)
6. Brieftext (texto de la carta)
7. Schlussformel (despedida)
8. Unterschrift (firma)
9. Initialen (iniciales)
10. Anlage- und Verteilervermerk (anexos y circulación)

Folgender Brief mag als Beispiel für die heute am häufigsten verwendete Form des Geschäftsbriefes dienen:

CAJA LABORAL POPULAR División Empresarial Via Augusta, 375 28009 Madrid Teléfono: (91) 792 10 44 Fax: (91) 792 10 99 E-mail:laboral.popular@com.es	**el membrete**
Madrid, 5 de junio de 20 . .	**la fecha**
Señores Pinto & Caspar C/ de la Palma, 23 31008 PAMPLONA	**nombre y señas del destinatario**
Demanda de informaciones sobre una empresa	**asunto o referencia**
Apreciados señores:	**la salutación**
Les quedaríamos muy reconocidos si tuvieran a bien darnos lo más pronto posible algunos informes sobre la solvencia, situación económica y reputación de la firma cuyo nombre se indica en la tarjeta adjunta. Estando preparando un contrato de compraventa con esta empresa por un importe de bastante consideración, mucho apreciaríamos de su gentileza nos indicaran si la firma en cuestión es digna de nuestra confianza. Ni que decir tiene que guardaremos la mayor discreción acerca de cuantos informes tengan a bien facilitarnos, por los cuales les damos por anticipado nuestras más expresivas gracias.	**el texto de la carta**
Quedando a su entera disposición para similares servicios, saludamos a Vds. muy atentamente,	**la despedida**
Ramón Antonio de Mencheta Martín Jefe de la División de Ventas 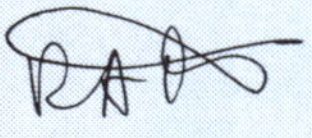	**la firma**
MM/al	**las iniciales**
Anexo	**anexos**

Briefbestandteile:

1. Der Briefkopf (el membrete):

Dieser Teil ist meistens gedruckt und enthält das Firmenzeichen, die eingetragene Firmenbezeichnung nebst Sitz und Anschrift, die Telefonnummer, Telegrammadresse, E-Mail und Telefaxnummer sowie die Namen der Direktoren.

2. Das Datum (la fecha):

Hier verwendet der Spanier im Allgemeinen die Grundzahlen. Das Komma hinter dem Ortsnamen ist wie im Deutschen üblich, jedoch weniger gebräuchlich. Der Monatsname kann in Ziffern angegeben oder ausgeschrieben werden.

Beispiele: Madrid, 5 de enero de 20..
Madrid, 5-1-20..

3. Name und Anschrift des Empfängers (nombre y señas del destinatario):

Bei Einzelpersonen, schreibt man z. B.:

Sr. D. Miguel Rodríguez
Sra. D.ª María Pilar Núñez
Srta. Gabriela Santos

Besteht die Anschrift aus mehreren Personennamen, steht z. B.:

Sres. Rodríguez & Núñez

Bei Kapitalgesellschaften steht die Firmenbezeichnung ohne Zusatz, z. B.:

Talleres de Lugo, S.A.

Ist der Brief an eine bestimmte Person gerichtet, steht: A la atención de ... Diese Anmerkung kann auch unter der Anschrift erfolgen.

In der Adresse steht zuerst die Straße mit der Hausnummer und eventuell der Etage, anschließend ohne Leerzeile die Postleitzahl mit dem Ortsnamen in Versalien, z. B.:

Comercial de Estriados y Laminados
Astilleros, 14, 1º
E-36200 VIGO

Das „E" für Spanien schreibt man im internationalen Briefverkehr. Bei Adressen in Lateinamerika wird das Land in Versalien unter die Stadt gesetzt.

Die spanischen Postleitzahlen bestehen aus einer 5-stelligen Zahl. Die ersten 2 Ziffern bezeichnen in alphabetischer Reihenfolge die Provinz. Die 3. Ziffer steht für die Stadt; die Provinzhauptstadt wird durch eine „Null" gekennzeichnet. Die letzten beiden Ziffern bezeichnen den Distrikt der Hauptstadt oder Stadt.

Briefe, die in Spanien an ein Postfach geschickt werden, unterliegen besonderen Bestimmungen. Die an private Postfächer gerichteten Schreiben enden in der Postleitzahl auf 080, die Postfächer offizieller Stellen enden auf 071 und diejenigen, die offizielle, postalische oder telegrafische Nachrichten entgegennehmen, enden auf 070.

4. Betreff oder Stichwortzeile (asunto o referencia):

Diese Zeile steht nach der Anschrift und vor der Anrede. Es kann sich um Referenznummern, Initialbuchstaben oder um eine kurze Bezugsangabe handeln.

5. Die Anrede (la salutación):

Sie lautet: Señor, Señora, Señores. Danach folgt ein Doppelpunkt, der aber bei der offenen Zeichensetzung weggelassen wird. Gebräuchlich sind auch die Anreden: Estimado señor, Distinguido señor, Apreciado señor, entsprechend in der weiblichen Form und im Plural. Man findet auch: Amigo y señor, wenn man sich recht gut kennt. Die Form: Muy señor mío, muy señor nuestro findet man heute seltener. De mi consideración, de nuestra consideración schreibt man gelegentlich in Lateinamerika.

6. Der Brieftext (el texto de la carta):

Im Gegensatz zum Deutschen beginnt der spanische Brief mit einem Großbuchstaben. Der übliche Aufbau ist wie im Deutschen: Einleitung, Hauptteil, Schlussformel.

7. Die Schlussformel (la despedida):

Die früher zum Teil sehr weit ausholenden Höflichkeitsformeln haben kürzeren Formeln Platz gemacht, z. B.:

Quedo/quedamos de V./Vds. muy atentamente,
Atentos saludos,
Atentamente le/les saluda/n,
Cordialmente.

Oft wird die Höflichkeitsformel auch in den Schlusssatz mit eingebaut, z. B.:

En espera de sus noticias, les saludamos atentamente.
Sin otro particular, quedamos de Vd. muy atentamente.

8. Die Unterschrift (la firma):

Diese steht unter dem Firmennamen. Vor oder hinter ihr erfolgt oft auch die offizielle Bezeichnung der Stellung des Schreibers im Unternehmen, z. B.:

Gerente, Apoderado, Director, Administrador usw.

Der Prokurist zeichnet in Prokura, z. B.:

Núñez & Santos
p.p. (oder P.P.) Javier García
Gerente

Angestellte können auch „im Auftrag" por orden oder „in Vertretung" por delegación unterzeichnen, z. B.:

Núñez & Santos
p.o. (oder P.O.) María Carmen Hermosa
p.d. (oder P.D.) Juan Sánchez

9. Die Initialen (las iniciales):

Sofern auf dem Briefpapier keine eigene Spalte hierfür vorgesehen ist, schreibt der Diktierende seine Initialen in Großbuchstaben links unten an den Rand, gefolgt von den Initialen der Schreibkraft oder Sekretärin in Kleinbuchstaben.

10. Anlage- und Verteilervermerk (anexos y circulación):

Meistens steht die Angabe:

Anexo oder anexos. Es kann auch eine nähere Spezifizierung erfolgen, z. B.:
Anexos: 2 fotocopias.

Eine Nachschrift sollte man möglichst vermeiden. Wenn man sie unbedingt benötigt, leitet man sie mit P.S. ein.

Wichtige postalische Vermerke und Ausdrücke

Absender	*Remitente*
an Absender zurück	*devuélvase al remitente*
per Adresse, bei	*c/o.*
Annahme verweigert	*Envío rehusado*
Anschrift unleserlich	*dirección ilegible*
Dringend	*Urgente*
Drucksache	*Impresos*
(per) Eilboten	*Por expreso (Am. Entrega inmediata)*
Eilbrief	*Carta urgente*
Eilzustellung	*Entrega por expreso*
Einschreibebrief	*Carta certificada*
Einschreiben	*Certificada (Am. Registrada)*
Empfänger (unbekannt)	*Destinatario (desconocido)*
Falls unzustellbar, bitte zurück	*Caso de no hallar al destinatario, devuélvase al remitente*
Nicht falten	*No doblar*
(per) Fax	*(Por) fax*
Internationaler Antwortschein	*Cupón-respuesta internacional*
(per) Luftpost	*Por avión*
Muster ohne Wert	*Muestra sin valor*
(gegen) Nachnahme	*(contra) Re(e)mbolso*
Bitte nachsenden	*Remítase al destinatario*
Paketpost	*Servicio postal de paquetes*
Persönlich	*Personal (Particular)*
Persönlich zu übergeben	*En propia mano (e.p.m.)*
Portofrei	*Franco de porte (libre de franqueo)*
Postamt	*(Oficina de) Correos*
Postfach	*Apartado de Correos (Am. Casilla postal)*
Postlagernd	*Lista de Correos*
Mit bezahlter Rückantwort	*Con respuesta pagada*
(streng) Vertraulich	*(estrictamente) Confidencial*
Verzollt	*Pagado*
Vorsicht, zerbrechlich	*Atención, frágil*
Wert(brief)	*Valores declarados*
Zollfrei	*Exento de aduana*
Zurück an Absender	*Devuélvase al remitente*
(mit) Zustellungsurkunde	*(con) acta de notificación*

Die spanischen Postleitzahlen

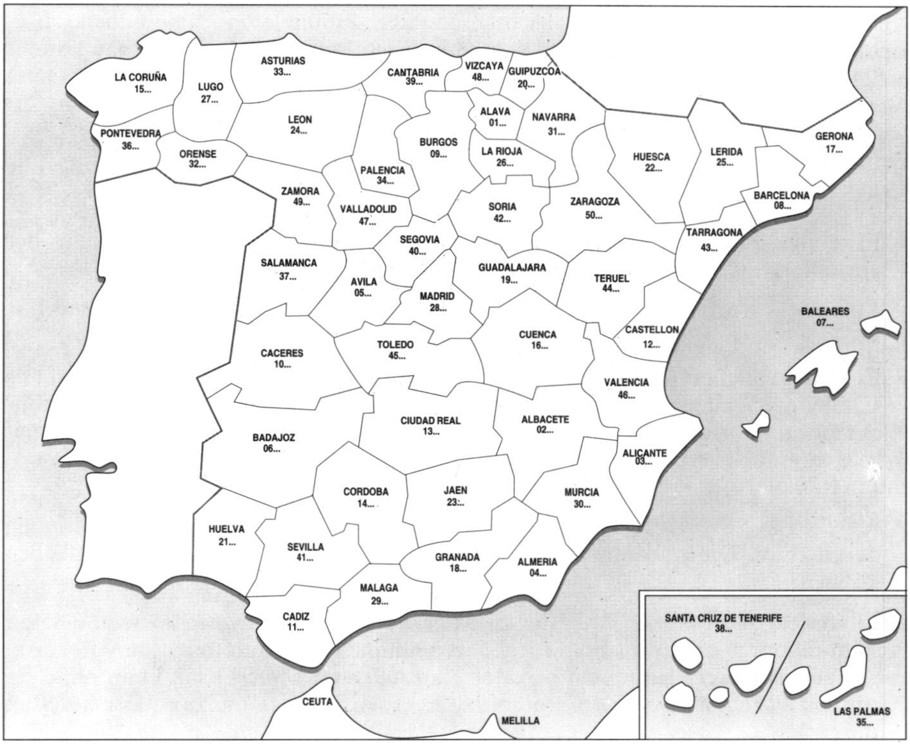

Die spanischen Postleitzahlen, die seit dem 1. Juli 1984 in Kraft sind, bestehen aus einer fünfstelligen Zahl.

Die ersten beiden Ziffern bezeichnen in alphabetischer Reihenfolge die Provinz. Die Provinzhauptstadt erhält als dritte Ziffer immer eine Null. Andere Orte der entsprechenden Provinz erhalten als dritte Ziffer ihre eigene Kennzahl.

Die letzten zwei Ziffern bezeichnen einen Postbezirk der Hauptstadt oder des jeweiligen Ortes.

Beispiel:

28 . . Provinz Madrid

28003 Provinzhautstadt Madrid
Postbezirk 03

28770 Colmenar Viejo in der Provinz Madrid
Ortskennzahl 7
Postbezirk 70

Moderne Medien der Nachrichtenübermittlung

Im Zeitalter der Computer, Nachrichtensatelliten, Funktelefone und ähnlicher Einrichtungen werden zwar sicherlich weiterhin Briefe geschrieben, aber hinzu kommt eine Vielzahl von Dienstleistungen, die das Ziel haben, eine schnelle und reibungslose Nachrichtenübermittlung zu gewährleisten.

Die Post und private Träger haben eine Vielzahl von Möglichkeiten entwickelt.

In Spanien gehören hierzu:

- **El servicio radiotelegráfico:** Die drahtlose Telegrafie bzw. der Funkverkehr, der vor allem im Schiffsverkehr angewandt wird.
- **El servicio télex:** Der Fernschreib- oder Telexdienst. Dieser ist inzwischen fast völlig von den modernen Formen der Telekommunikation ersetzt worden.
- **El servicio telefax:** Für schnelle Mitteilungen, die über das Telefonnetz in fast alle Länder der Welt versandt werden können. Oft sind sie gekoppelt an einen Telefonanrufbeantworter (contestador automático), auf dem kurze telefonische Mitteilungen gespeichert werden können.
- **El servicio público de conmutación de mensajes (SPCM):** Wie das Telex-System besteht das SPCM der spanischen Post in der Übertragung von Informationen durch einen Zentralcomputer, an den sich auch Privatverbraucher anschließen können.
- **El servicio del teléfono:** Das alte, an das Posttelefonnetz angeschlossene Telefon steht immer noch an der Spitze jeglicher mündlicher Kommunikation von einem Ort zum anderen. Kaum ein privater Haushalt und keine Firma kann ohne ein solches System auskommen. Immer häufiger wird jedoch das drahtlose Telefon.
- **El servicio e-mail o correo electrónico:** Dieses neue Mittel der computergesteuerten Telekommunikation ist im Begriff, den Weltmarkt zu erobern. Es ersetzt in steigendem Maße den herkömmlichen Briefverkehr und ist besonders für die schnelle, formlose Übermittlung von Botschaften, Zeichnungen, Daten usw. geeignet.
- **El servicio de conferencias por satélite:** In etlichen Unternehmen sind Zuschaltungen von Personen auf dem Bildschirm zur Durchführung einer Konferenz bereits zur Routine geworden. Ohne die weltweit operierenden Satellitenschaltungen wäre dies nicht denkbar.

Das Telefax

Telefaxe sind geschäftsbriefähnliche, jedoch meist weniger formgebundene schriftliche Nachrichten, die über getrennte Faxgeräte, die telefonisch anwählbar sind, oder auch computergesteuert direkt vom Absender an den Empfänger geschickt werden können.

Die äußere Form eines Telefax unterliegt noch keinen festen Normen. In der Regel werden zumindest Absender und Empfänger und die entsprechenden Faxnummern erwähnt, wie z. B.:

Fax

Para: Luis Amargo Díez
Compañía: Sánchez & Rodríguez, S.A.
Teléfono: 93-412 76 98
Fax: 412 76 00

De: Margarita Nieto Calle
Compañía: Librería Libertad
Teléfono: 91-728 61 95
Fax: 91-728 61 98

Fecha: 12/14/..
Páginas: 1

Asunto: Pago vencido

Al día 30 de noviembre Sánchez & Rodríguez, S.A. tenía un saldo vencido a nuestro favor por la cantidad de 150.000 ptas. Le ruego proceda a efectuar el pago inmediatamente o enviar copia de la documentación de pago, si el pago ya ha sido realizado.

Espero sus prontas noticias.

Atentamente

Weitere Muster für Telefaxe befinden sich z. B. auf den Seiten 27, 67, 68, 69, 74 und 95. Da Telefaxe direkt geschickt werden, wird natürlich kein Briefumschlag benutzt.

Ein Fax gilt im privaten Geschäftsberkehr als hundertprozentig rechtsverbindlich, da es den vollen Beweis für die Abgabe einer Willenserklärung erbringt. Davon zu unterscheiden ist der Behörden- und Gerichtsbereich, in dem es zum größten Teil als rechtswirksam, auch für die Einhaltung von Fristen, gilt. Hier ist aber Vorsicht geboten, da die Rechtsprechung noch nicht als endgültig anzusehen ist.

Die E-Mail

E-Mails sind relativ formlose, über das Computer-Datennetz speicherbare Mitteilungen, die, meistens über einen sogenannten Provider, an eine an das Computernetz angeschlossene andere E-Mail-Adresse geschickt werden können. Der Vorteil ist hierbei nicht nur der Zeitfaktor: Auch längere Mitteilungen sowie Anlagen können im Computerverkehr hin- und hergeschickt und auch zwischendurch bearbeitet und ergänzt werden.

Wie beim Fax gilt jedoch noch die Regel, dass es zur rechtsverbindlichen Anerkennung einer E-Mail einer zusätzlichen Bestätigung bedarf.

Die äußere Form einer E-Mail ist keinen festen Normen unterworfen. Sie enthält die E-Mail-Adresse des Absenders und des Empfängers und in der Regel die Vermerke, ob und an wen Kopien und/oder Anlagen versandt werden.

Correo electrónico

De: Mercantil Pescatera S.A.
Enviado: Lunes, 18 de Diciembre de 20.., 13.20 horas
Para: Juán Carlos Senra Martínez
Copia: Para Felipe Naderas
Asunto: Notificación de pago

Según solicitud en su carta de 13 de Diciembre indicamos haber realizado el pago de los honorarios convenidos por importe de 3.500,– dólares a su cuenta del Banco Exterior de España en la localidad de Zurich por la modalidad de SWIFT. Ruego confirmación urgente del ingreso efectivo.

Atentamente,
D. Canales
Dirección Financiera

Weitere Muster für E-Mails befinden sich z. B. auf den Seiten 40/41, 42/43, 57, 70, 87, 88.

Silbentrennung im Spanischen

Für die Silbentrennung gelten im Spanischen folgende Regeln:

1. Ein einfacher Konsonant zwischen zwei Vokalen gehört zur folgenden Silbe: *di-ne-ro, Gra-na-da.*

2. Zwei Konsonanten werden getrennt: *miér-co-les, dis-cur-so.* Ist der zweite Konsonant jedoch ein l oder r, so gehören beide zur folgenden Silbe: *re-gla, nie-bla; po-bre, ca-bra.* Auch ch, ll und rr gehören zur folgenden Silbe: *te-cho, ca-lle, pe-rro.*

3. Bei drei Konsonanten gehören die beiden letzten (meist l oder r) zur folgenden Silbe: *ejem-plo, siem-pre.* Ist der zweite Konsonant jedoch ein s, so wird hinter dem s getrennt: *cons-tan-te, ins-ti-tu-to.*

4. Bei vier Konsonanten – der zweite ist meist ein s – wird in der Mitte getrennt: *ins-tru-men-to.*

5. Diphthonge (Doppellaute) und Triphthonge (Dreilaute) dürfen nicht getrennt werden: *bien, buey.* Getrennt werden dagegen Vokale, die verschiedenen Silben angehören: *frí-o, acre-e-dor.*

6. Zusammengesetzte Wörter – auch mit Vorsilben gebildete – werden entsprechend ihrer Herkunft getrennt: *nos-otros, des-ali-ño, dis-cul-pa.*

Interpunktion im Spanischen

Das Komma steht im Spanischen häufig nach adverbiellen Ausdrücken, die einen Satz einleiten: *sin embargo, todos los esfuerzos eran inútiles* alle Bemühungen jedoch waren vergeblich. Dagegen fehlt es – im Gegensatz zum Deutschen – vor *que* (dass), *si* (ob) und vor Relativsätzen, die zum Verständnis des Hauptsatzes unentbehrlich sind: *esperamos que nos conteste pronto* wir hoffen, dass er uns bald antwortet; *no sabemos si os gustará* wir wissen nicht, ob es euch gefallen wird; *dudo que lo haga* ich bezweifle, dass er es tut.

Voranstehende Nebensätze werden durch ein Komma getrennt: *si tengo tiempo, lo haré* ich mache es, wenn ich Zeit habe; aber: *lo haré si tengo tiempo* wenn ich Zeit habe, mache ich es.

Frage- und Ausrufesätze werden mit den umgekehrten Satzzeichen eingeleitet, das dort steht, wo Frage bzw. Ausruf beginnen. *Dispense usted, ¿está en casa el señor Pérez?* Entschuldigungen Sie, ist Herr Pérez zu Hause? *¡Qué lástima!* Wie schade!

Groß- und Kleinschreibung im Spanischen

Grundsätzlich werden im Spanischen alle Wörter mit **kleinen** Anfangsbuchstaben geschrieben. Mit **großen** Anfangsbuchstaben werden geschrieben:

der erste Buchstabe des ersten Wortes eines Satzes, Eigennamen sowie die ihnen vorangestellten Titel (José, el Emperador Guillermo Segundo *Kaiser Wilhelm II.*, Asia *Asien*, Bélgica *Belgien*), Bezeichnungen von Institutionen, öffentlichen Gebäuden, Plätzen usw. (Biblioteca Nacional *Staatsbibliothek*, la Bolsa *die Börse*, la Puerta del Sol, Calle de Atocha), Bezeichnungen für Gott und verwandte Begriffe (Dios *Gott*, la Virgen *die Jungfrau Maria*, la Providencia *die Vorsehung*), Studienfächer (Arquitectura *Architektur*, Matemáticas *Mathematik*) sowie häufig Haupt- und Eigenschaftswörter in Überschriften und Buchtiteln (Diccionario Manual de la Lengua Española).

Anfrage nach Olivenöl
Demanda de aceite de oliva

1

Maldonado & Cía.
Fábrica de Aceite
Apartado 5712
E-23006 JAEN

Señores:

Debemos su dirección a la Cámara Oficial Española de Comercio de Alemania, a la que nos habíamos dirigido solicitando nos facilitaran una lista de firmas españolas dedicadas a la fabricación de aceite de oliva de primera calidad.

Nuestra empresa centra su actividad, desde su fundación en el año 1954, en la venta de comestibles finos, disponiendo en ésta de un considerable número de clientes.

En los últimos años hemos podido constatar un importante aumento de la demanda de aceite de oliva por parte de nuestra clientela, por lo que desearíamos establecer relaciones comerciales con empresas que estén en condiciones de suministrar aceites de calidad a precios competitivos en este mercado.

Les rogamos nos indiquen calidades, precios, plazo de entrega, formas de pago, así como posibles descuentos al realizar compras de consideración.

En espera de sus prontas noticias, les saludamos muy atentamente,

LANGER & KOCH
Feinkost

Cámara *f* **de Comercio** Handelskammer
dirigirse a sich wenden an
solicitar bitten
facilitar zur Verfügung stellen
aceite *m* **de oliva** Olivenöl
comestibles *m/pl* **finos** Feinkost
disponer de verfügen über
demanda *f* Nachfrage
clientela *f* Kundschaft
establecer hier: aufnehmen
relación *f* **comercial** Handelsbeziehung
estar en condiciones in der Lage sein
suministrar liefern
competitivo wettbewerbsfähig
plazo *m* **de entrega** Lieferfrist
forma *f* **de pago** Zahlungsart
descuento *m* Nachlass
compra *f* **de consideración** größerer Kauf

2 Angebot für Olivenöl
Oferta de aceite de oliva

➡ Briefe 1, 3, 4, 5, 6, 7

Langer & Koch
Feinkost
Postfach 2738

D-60318 Frankfurt/M.

Señores:

En contestación a su carta del 15 del corriente, quisiéramos informarles que nuestra casa, una de las más antiguas en esta región, solamente produce aceite de oliva virgen extra de la mejor calidad. El grado máximo de acidez es del 0,2%, uno de los más bajos en el mercado, ya que, como será ya de su conocimiento, el grado de acidez del aceite de oliva virgen extra no debe sobrepasar el 1%. En la elaboración empleamos aceitunas de las variedades «Picudo» y «Picual».

Exportamos desde hace muchos años a empresas del ramo de EE UU, Canadá e Inglaterra, así como a la casa Müller & Co., de Düsseldorf. Suministramos en cajas de 12 botellas, de 500 ml. cada una, todas ellas numeradas, al precio de 2,5 € la botella. Para pedidos de hasta 100 cajas calculamos en concepto de gastos de embalaje y transporte 1,5 € por botella. En caso de suministros de más de 100 cajas, libre de gastos. Tratándose de pedidos de más de 300 cajas, les concederíamos una rebaja del 3%, estando dispuestos a considerar mayores descuentos para pedidos superiores.

Plazo de entrega: 10 días laborables después de la recepción de su pedido en firme. Recomendamos la venta de nuestro aceite dentro de un plazo de 9 meses a partir de su recepción.

.../2

contestación *f* Beantwortung
casa *f* Haus, hier: Firma
aceite *m* **de oliva virgen** natives Olivenöl
grado *m* **de acidez** Säuregrad
sobrepasar übersteigen
elaboración *f* Erzeugung
aceituna *f* Olive
variedad *f* Sorte
ramo *m* Industriezweig
pedido *m* Auftrag
gasto *m* Kosten, Ausgabe
embalaje *m* Verpackung
libre de gastos kostenlos
conceder gewähren
rebaja *f* Nachlass
pedido *m* **superior** größerer Auftrag
día *m* **laborable** Werktag
pedido *m* **en firme** Festauftrag
recepción *f* Erhalt

/2

Pago: contra aceptación de una letra a 30 días vista, domiciliada en el Banco Bilbao Vizcaya, de ésa.

Expedición: a través de nuestra agencia de transportes, Cervantes & Cía., Jaén.

Por paquete postal hemos remitido hoy a su dirección una muestra de nuestro aceite a fin de que puedan examinar la excelente calidad de nuestro producto.

Confiando recibir de ustedes un pedido inicial, al que sucederán, sin duda, muchos más en el futuro, les saludamos muy atentamente,

Maldonado & Cía.
Fábrica de Aceite

Pedro Maldonado
Gerente

aceptación *f* Akzept
letra *f* **a 30 días vista** 30-Tage-Sichtwechsel
domiciliar domizilieren
expedición *f* Versand
agencia *f* **de transportes** Spedition
muestra *f* Muster
confiar vertrauen
pedido *m* **inicial** Erstauftrag
suceder hier: folgen

3 Auftrag über Olivenöl
Pedido de aceite de oliva

➡ Briefe 1, 2, 4, 5, 6, 7

Maldonado & Cía.
Fábrica de Aceite
Apartado 5712
E-23006 JAEN

Señores:

Acusamos recibo de su carta de fecha 15 del corriente, así como de la muestra que nos enviaron por correo separado.

Habiendo quedado convencidos de la excelente calidad de su aceite de oliva, nos complace pasarles un pedido inicial de 100 cajas, rogándoles lo envíen sin gastos de embalaje y transporte, franco domicilio. Además, regirán las condiciones citadas por ustedes en su oferta del 28 del pasado mes.

Dado que ésta es la primera operación que realizamos, suponemos que desearán tener referencias sobre nuestra empresa. Les rogamos se dirijan al efecto a las empresas citadas en el volante adjunto, con las cuales mantenemos relaciones desde hace muchos años, para obtener cuantos informes deseen sobre nosotros.

Para facilitar esta primera operación, les proponemos pagar por cheque contra recibo de la mercancía, con un descuento del 3%.

Rogándoles la confirmación de este pedido por telefax, les saludamos muy atentamente,

Langer & Koch
Feinkost

acusar recibo de den Erhalt bestätigen
corriente *m* hier: der laufende Monat
por correo separado mit getrennter Post
quedar convencido überzeugt sein
pasar un pedido einen Auftrag erteilen
citar erwähnen
operación *f* Geschäft
suponer annehmen
referencia *f* Referenz
al efecto in dieser Sache
volante *m* Zettel
mantener relaciones con Geschäftsbeziehungen unterhalten mit
informe *m* Auskunft
facilitar erleichtern
descuento *m* Skonto
(tele)fax *m* Telefax

Bitte um Handelsauskünfte
Solicitud de informes comerciales

4

Luis Medrano & Cía.
Sierpes, 47
E-41002 SEVILLA

Señores:

Dado que tenemos el propósito de establecer relaciones comerciales con la empresa citada en el volante adjunto, nos permitimos dirigirnos a ustedes por indicación de la misma, para rogarles nos proporcionen información detallada sobre sus prácticas comerciales. En particular, nos interesaría saber si su situación financiera puede considerarse como sólida para transacciones de hasta 10.000,– €.

Huelga decir que cualquier información que nos faciliten será tratada por nosotros con absoluta discreción.

Dándoles las gracias de antemano por su amabilidad y ofreciéndonos a la recíproca en casos similares, les saludamos muy atentamente,

Maldonado & Cía.
Fábrica de Aceite

Pedro Maldonado
Gerente

Anexo: un volante

→ Briefe 1, 2, 3, 5, 6, 7, 33, 34

propósito *m* Absicht
establecer relaciones comerciales Geschäftsbeziehungen aufnehmen
proporcionar información Auskunft geben
práctica *f* Praxis
situación *f* **financiera** finanzielle Lage
sólido solide
huelga decir es erübrigt sich zu sagen
facilitar beschaffen
discreción *f* Diskretion
amabilidad *f* Freundlichkeit
a la recíproca *f* im Gegenzug

5 Erteilung von günstigen Auskünften
Remisión de informes favorables

➡ Briefe 1, 2, 3, 4, 6, 7, 33, 34

Maldonado & Cía.
Fábrica de Aceite
Apartado 5712
E-23006 JAEN

Señores:

En relación con su solitud de informes del 15 del corriente, tenemos el gusto de participarles que hemos tenido muy buenas experiencias con dicha empresa pudiendo, por tanto, recomendarla plenamente.

Se trata de una empresa de excelente reputación con la que hemos trabajado durante más de 20 años sin haber tenido motivo de queja en cuanto a la forma de llevar los negocios. Los gerentes son comerciantes experimentados y activos. La empresa dispone, en nuestra opinión, de fondos suficientes para el desarrollo de su actividad, habiendo sido muy correcta hasta la fecha en el cumplimiento de sus compromisos. Juzgamos, por consiguiente, que no correrán ningún riesgo entablando relaciones comerciales con ella.

Confiando haberles sido de utilidad con esta información, les saludamos muy atentamente,

Luis Medrano & Cía.

solicitud *f* **de informes** Bitte um Auskunft
participar mitteilen
experiencia *f* Erfahrung
recomendar empfehlen
tratarse de sich handeln um
reputación *f* Ruf
motivo *m* **de queja** Grund zur Klage
llevar negocios Geschäfte führen
gerente *m* Geschäftsführer
comerciante *m* Kaufmann
fondos *m/pl* (Geld-)Mittel
compromiso *m* Verbindlichkeit
juzgar beurteilen, hier: der Meinung sein
correr riesgo Gefahr laufen
entablar aufnehmen
ser de utilidad von Nutzen sein

Auftragsbestätigung per Fax
Confirmación del pedido por fax

6

➡ Briefe 1, 2, 3, 4, 5, 7

Fecha: 31 de enero del . . .
Páginas: 1
De: Pedro Maldonado, Maldonado & Cía.

A: Langer & Koch, Frankfurt/M.
Su Fax: 25 del corriente

Confirmamos muy agradecidos recepción de su pedido con fecha 25 del corriente.

Envío efectuado hoy con Cervantes & Cía. a su dirección.

Envío carta porte y factura triplicado a Banco de Bilbao Vizcaya, Frankfurt. Rogamos retiren allí documentos contra aceptación 30 días.

Esperamos reciban mercancía en perfecto estado.

Atentamente,

Pedro Maldonado
Gerente

confirmar bestätigen
envío *m* Lieferung
efectuar erfolgen
carta *f* **porte** Frachtbrief
factura *f* Rechnung
triplicado dreifach
retirar hier: abholen
aceptación *f* hier: (Wechsel-) Akzept
estado *m* Zustand

7 Dokumentenversand gegen Akzept
Remesa de documentos contra aceptación

→ Briefe 1, 2, 3, 4, 5, 6

Banco Bilbao Vizcaya
Ulmenstraße 18

D-60325 Frankfurt/M.

Asunto: Documentos contra aceptación

Señores:

Para su aceptación, les remitimos adjunto una letra de cambio a 30 d/v, a cargo de la casa Langer & Koch, de ésa, por importe de . . . euros, en cancelación de nuestra factura comercial nº 132 de fecha . . . que, junto con la carta de porte nº 47, acompañamos a la presente. Dichos documentos corresponden a un suministro de 12 cajas de 12 botellas de aceite de oliva cada una.

Les agradeceremos entreguen carta de porte y factura comercial a los librados, previa aceptación a 30 d/v de nuestra letra, conservando la misma en cartera hasta la fecha de pago. Llegada ésta, rogamos la presenten al cobro y abonen su importe en la cuenta que mantenemos en su apreciada institución.

Agradeciéndoles su cooperación, les saludamos muy atentamente,

Maldonado & Cía.

Anexo: 1 factura comercial
1 letra de cambio

letra *f* **de cambio** Wechsel
a cargo de zulasten von
importe *m* Betrag
cancelación *f* hier: Begleichung
acompañar hier: beifügen
suministro *m* Lieferung
librado *m* Bezogener
d/v (días vista) Tage Sicht
conservar en cartera im Portefeuille behalten
fecha *f* **de pago** Zahlungstermin
cobro *m* Einlösung, Inkasso
abonar en cuenta einem Konto gutschreiben

Gesellschaftsgründung
Constitución de una sociedad

8

➡ Briefe 9, 10, 11, 12, 13, 53

Alfred Müller & Söhne
Germaniastr. 140

D-40223 Düsseldorf

Señores:

Nos complace anunciarles que, en escritura pública nº . . . . ., hemos constituido una sociedad anónima que girará bajo la razón social

MUEBLES LA VALENCIANA, S.A.

con un capital escriturado, suscrito y desembolsado en un 75% de dos millones de euros.

Nuestra sociedad se dedicará a la fabricación y venta de muebles para el hogar y la oficina. Los muebles para el hogar, diseñados según el estilo tradicional de nuestra región, serán fabricados empleando maderas de pino y roble de la mejor calidad. Los muebles de oficina, preferentemente de estilo moderno, empleando combinaciones de metal y plástico. Aparte de los modelos estándar, Muebles La Valenciana, S.A. fabricará igualmente por encargo aquellos muebles que desee la clientela.

Nuestras instalaciones están dotadas de los últimos adelantos de la técnica y, dado que hemos puesto especial atención en emplear únicamente a personal altamente especializado, podemos ofrecer la máxima calidad del ramo.

Para darles una idea de nuestro amplio surtido, les remitiremos próximamente nuestro catálogo ilustrado así como una lista de precios.

. . ./2

escritura *f* **pública** notarielle Urkunde
constituir gründen
sociedad *f* **anónima** Aktiengesellschaft
girar bajo la razón social den Firmennamen tragen (führen)
escriturar beurkunden
suscribir zeichnen
desembolsar hier: einzahlen
oficina *f* Büro
modelo *m* **estándar** Standardmodell
por encargo auf Bestellung
instalación *f* Anlage
estar dotado de ausgestattet sein mit
adelanto *m* Fortschritt
personal *m* **especializado** Fachpersonal
surtido *m* Auswahl
catálogo *m* Katalog
lista *f* **de precios** Preisliste

/2

D. Mariano Iturmendi, en su cargo de consejero delegado, se encargará de la dirección de la empresa. Sírvanse tomar nota de la firma de dicho señor, estampada al pie de esta carta, así como de nuestros apoderados, los señores D. Juan Medina, D. José Luis López y D. Fernando Campos.

Esperando poder contarles pronto entre nuestros clientes, les saludamos muy atentamente,

MUEBLES LA VALENCIANA, S.A.

El Sr. M. Iturmendi firmará: . . .

El Sr. J. Medina firmará: . . .

El Sr. J. L. López firmará: . . .

El Sr. F. Campos firmará: . . .

en su cargo de in seiner Eigenschaft als
consejero *m* **delegado** geschäftsführendes Vorstandsmitglied
encargarse de übernehmen
dirección *f* hier: Leitung
tomar nota de zur Kenntnis nehmen
firma *f* Unterschrift
pie *m* Fuß
apoderado *m* Bevollmächtigter
contar entre zählen zu
firmar unterzeichnen

Eröffnung einer Niederlassung
Apertura de una sucursal

9

➡ Briefe 8, 10, 11, 12, 13, 53

Rafael Delgado & Cía.
Príncipe de Vergara, 57
E-28001 MADRID

Estimados señores:

Tenemos el gusto de informarles que nuestra casa, siguiendo su política expansiva, inaugurará a principios del próximo mes de julio una sucursal en Madrid. De este modo, nos será posible atender directamente, con más rapidez y menos costes, a la clientela española.

Nuestra sucursal ha sido constituida como sociedad de responsabilidad limitada de derecho español bajo la razón social

EQUIPOS INDUSTRIALES, S. R. L.

con domicilio en Calle Bolivia, 150, 28016 Madrid, y se dedicará, como la casa matriz, a la venta de componentes y equipos industriales de alta tecnología. Como ustedes habrán comprobado a lo largo de nuestras relaciones comerciales, nuestra organización, con más de un siglo de experiencia y prestigio en el mercado alemán, cuenta con los productos más innovadores del sector.

Les invitamos a visitar personalmente nuestra nueva sucursal de Madrid, donde nuestro equipo de expertos les ofrecerá la misma gama de productos que hasta la fecha les hemos suministrado desde Alemania.

Esperando que hagan extensiva a nuestra sucursal la confianza que siempre nos dispensaron a nosotros, les saludamos muy atentamente,

HANS WERNER
Apparate- und Maschinenfabrik
Aktiengesellschaft

tener el gusto die Freude haben
política *f* **expansiva** Erweiterungspolitik
inaugurar eröffnen
sucursal *f* Filiale
atender a versorgen
coste *m* Kosten
sociedad *f* **de responsabilidad limitada** Gesellschaft mit beschränkter Haftung
domicilio *m* Sitz
casa *f* **matriz** Mutterhaus
equipo *m* **industrial** Industrieausrüstung
comprobar feststellen
prestigio *m* Ansehen
producto *m* **innovador** innovatives Produkt
experto *m* Fachmann
gama *f* Palette
hacer extensivo a ausdehnen auf
confianza *f* Vertrauen
dispensar zuteil werden lassen

10 Änderung der Anschrift
Cambio de domicilio

➡ Briefe 8, 9, 11, 12, 13

Weidemann & Co. KG
Bahnstraße 12

D-40212 Düsseldorf

Estimados clientes:

Debido al creciente desarrollo de nuestros negocios, nos hemos visto obligados a trasladarnos a un local más amplio, situado en

Calle Pizarro, 92
28004 MADRID

Nuestros nuevos números de teléfono desde su país son:

0034-91-532 50 83
0034-91-532 35 22

Rogamos tomen nota de estos cambios y disculpen las molestias que ello pudiera ocasionarles.

Muy atentamente,

Maquinaria Iberia, S. A.

Luis Medina López
Director General

desarrollo *m* Entwicklung
trasladarse umziehen
amplio groß
cambio *m* Änderung
disculpar entschuldigen
molestia *f* Unannehmlichkeit
ocasionar verursachen

Zahlungseinstellung
Suspensión de pagos

11

→ Briefe 8, 9, 10, 12, 13

Robert Schulz & Söhne
Metallwaren
Eylauer Straße 25

D-10965 Berlin

Estimados señores:

Sentimos mucho tener que comunicarles que a causa del actual retroceso de la actividad económica en general, así como a la aparición en nuestro mercado de productos de similares propiedades a precios mucho más bajos procedentes de países asiáticos, los negocios en el ramo del acero han sufrido una casi absoluta paralización, causándonos ello considerables pérdidas. Estas circunstancias adversas nos han obligado a solicitar al Juzgado que nos declare en suspensión de pagos, la cual nos fue concedida con fecha de hoy.

El próximo día 10, a las 11,30 horas, se celebrará en nuestra sede social, Floridablanca, 172, la Junta de Acreedores, a la cual someteremos las propuestas correspondientes, esperando su colaboración para la aprobación del convenio que en dicha reunión se presentará.

Ni que decir tiene que nos esforzaremos en reducir al mínimo la moratoria y en atender los pagos a medida que podamos obtener liquidez a partir de nuestras existencias sin pérdidas considerables.

Esperando su comprensión y apoyo en esta difícil situación para nuestra empresa, les saludamos muy atentamente,

Industrias Alavesas, S. L.

propiedad *f*
hier: Eigenschaft
ramo *m* **del acero**
Stahlbranche
circunstancia *f* **adversa**
widriger Umstand
solicitar beantragen
Juzgado *m* Gericht
declarar en suspensión de pagos
die Zahlungseinstellung erklären
celebrarse
hier: abhalten
sede *f* **social**
Firmensitz
Junta *f* **de Acreedores**
Gläubigerversammlung
someter vorlegen
aprobación *f*
Zustimmung
convenio *m*
Übereinkunft
reducir al mínimo
auf ein Mindestmaß beschränken
moratoria *f*
Zahlungsaufschub
atender al pago
der Zahlung nachkommen
obtener liquidez a partir de existencias
Lagerbestände flüssig machen

12 Änderung der Gesellschaftsform
Cambio de la forma societaria

➡ Briefe 8, 9, 10, 11, 13, 53

Werner Krause & Co. KG
Bahnhofstraße 37

D-91058 Erlangen

Apreciados clientes:

Por la presente deseamos comunicarles que, con motivo de la fuerte expansión alcanzada por nuestra empresa en los últimos años, así como la necesidad de fortalecer la base de capital propio y ampliar las posibilidades de financiación, hemos realizado, con efecto 1 de enero pasado, un cambio de la forma societaria de sociedad limitada a sociedad anónima.

La nueva sociedad gira bajo la razón social

MAQUINARIA DEL NORTE, S. A.

y tiene su domicilio social en la misma dirección que su predecesora. Los números de teléfono, e-mail y fax quedan sin variación.

El capital inicial de un millón de euros, completamente suscrito y desembolsado en la actualidad en un 75%, está dividido en 200.000 acciones ordinarias con un valor nominal de 5€ cada una.

Las acciones de Maquinaria del Norte, S. A. serán introducidas para su cotización oficial en la Bolsa de Valores de Madrid en fecha próxima.

Por correo separado recibirán ustedes nuestra lista vigente de firmas autorizadas.

En la seguridad de que nos dispensarán la misma confianza que en el pasado, les saludamos muy atentamente,

Maquinaria del Norte, S. A.

fortalecer verstärken
base *f* de capital Kapitalbasis
forma *f* societaria Gesellschaftsform
sociedad *f* limitada GmbH
sociedad *f* anónima AG
girar bajo la razón social den Firmennamen führen
domicilio *m* social Firmensitz
predecesora *f* Vorgängerin
capital *m* inicial Anfangskapital
suscrito gezeichnet
desembolsado eingezahlt (Aktien)
acción *f* ordinaria Stammaktie
valor *m* nominal Nennwert
cotización *f* oficial amtliche Notierung
Bolsa *f* de Valores Wertpapierbörse
vigente gültig, in Kraft
dispensar hier: widmen
confianza *f* Vertrauen

Gesellschaftsauflösung
Disolución de sociedad

13

➡ Briefe 8, 9, 10, 11, 12, 53

Schneider & Söhne
Berliner Allee 15

D-40212 Düsseldorf

Señores:

Ponemos en su conocimiento que, por motivos de índole personal y de común acuerdo, hemos decidido disolver, con efecto el 1 de octubre próximo, la asociación que habíamos formado hace muchos años bajo la razón social «Duque & Díaz».

La liquidación de la sociedad tendrá lugar en el domicilio social, quedando encargados de la gestión ambos socios hasta la completa realización de los compromisos contraídos hasta la fecha.

Después de examinar detenidamente nuestros libros, hemos podido constatar que no existen operaciones pendientes entre nuestras empresas, motivo por el cual sólo nos resta agradecer encarecidamente a ustedes la confianza con que siempre nos honraron.

Aprovechamos la oportunidad para saludarles muy atentamente,

Duque & Díaz

poner en conocimiento de alguien
jdm. zur Kenntnis bringen, jemanden wissen lassen
índole *f* **personal**
persönliche Natur
acuerdo *m*
hier: Einverständnis
disolver auflösen
asociación *f*
hier: Sozietät, Firma
liquidación *f*
Liquidierung
quedar encargado de
beauftragt sein mit
contraer compromisos
Verbindlichkeiten eingehen
detenidamente
ausführlich, genau
operación *f* **pendiente**
schwebendes Geschäft
encarecidamente
herzlich
honrar
hier: entgegenbringen
aprovechar
wahrnehmen

14 Dienstleistungsangebot eines Vertreters
Ofrecimiento de servicios de un representante

➡ Briefe 15, 16

Georg Eichborn GmbH
Breite Straße 6

D-65189 Wiesbaden

Señores:

En el suplemento económico de EL PAIS, «Negocios», del pasado domingo, leí que su empresa busca un delegado comercial con sólida formación y experiencia para la comercialización y distribución en España de sus productos farmacéuticos.

Soy Licenciado en Farmacia y desde hace veinte años trabajo como agente de ventas en el sector de cosmética para renombradas firmas nacionales y extranjeras. Puedo asegurarles que dispongo de las aptitudes comerciales necesarias, así como de capacidad para el trato con los clientes y para tomar decisiones.

Cuento, además, con amplias oficinas, almacén y un equipo experimentado de diez colaboradores, lo que me permite desarrollar mis actividades con las máximas posibilidades de éxito.

En caso de que acepten ustedes mi ofrecimiento, con sumo gusto estaría dispuesto a incorporar en mi actividad la gama de productos que su empresa desea comercializar y distribuir en España, prometiéndoles no escatimar esfuerzos en alcanzar un volumen de ventas considerable.

.../2

suplemento *m* **económico** Wirtschaftsbeilage
delegado *m* **comercial** Handelsvertreter
formación *f* Ausbildung
comercialización *f* Vermarktung
distribución *f* Vertrieb
licenciado *m* Akademiker (mit abgelegtem Staatsexamen)
Farmacia *f* hier: Pharmazie
agente *m* **de ventas** Verkaufsvertreter
renombrado renommiert
aptitud *f* Eignung
trato *m* Behandlung
contar con hier: besitzen
almacén *m* Lager
equipo *m* Mannschaft
colaborador *m* Mitarbeiter
ofrecimiento *m* Angebot
incorporar einschließen
no escatimar esfuerzos keine Anstrengung scheuen
alcanzar erreichen
volumen *m* **de ventas** Verkaufsvolumen

/2

Me permito incluir una lista de empresas a las que pueden dirigirse para obtener referencias sobre mi persona y mi organización.

Por otra parte, y para completar de forma exhaustiva su información, les sugiero ponerse en contacto con la Cámara de Comercio e Industria, de Madrid, así como con la Cámara de Comercio Alemana para España, también en ésta, cuyos Servicios de Promoción Comercial disponen de experiencias suficientes sobre mi persona y actividades profesionales.

Esperando recibir de ustedes una respuesta positiva, les saluda muy atentamente,

Luis Romero & Cía.

Fdo: Luis Romero

Anexo: lista de referencias

dirigirse a
sich wenden an
de forma exhaustiva
erschöpfend, vollständig

lista *f* de referencias
Referenzliste

15 Antwort auf das Angebot eines Vertreters
Respuesta al ofrecimiento de un representante

➡ Briefe 14, 16

Luis Romero & Cía.
Marqués de Urquijo, 37
E-28008 MADRID

Estimado Sr. Romero:

Agradecemos su carta del 10 del corriente informándonos de su interés en hacerse cargo de la comercialización y distribución en España de nuestros productos farmacéuticos.

Después de haber considerado detenidamente sus aptitudes y experiencias y haber recibido favorables referencias, tanto sobre su persona como su organización, de las empresas que nos indicó al efecto, hemos llegado a la conclusión de que usted podría ser la persona adecuada para representar nuestros intereses en España.

Con el fin de tratar todos los detalles relativos a una futura colaboración comercial así como la conclusión del correspondiente contrato, nuestro Director de Márketing, el Sr. Fernando Roldán, tendrá mucho gusto en visitarle el próximo lunes, día 19, por la mañana, en sus oficinas. Cualquier problema que pueda plantearse podrá ser discutido con nuestro colaborador en el curso de esta entrevista personal.

Esperando tener una agradable y provechosa cooperación con usted, le saludamos muy atentamente,

Georg Eichborn GmbH

hacerse cargo de hier: übernehmen
considerar abwägen, überlegen
detenidamente genau
indicar angeben
al efecto hier: diesbezüglich
llegar a la conclusión zu dem Schluss kommen
adecuado geeignet
representar los intereses die Interessen vertreten
tratar behandeln, hier: besprechen
colaboración *f* Zusammenarbeit
conclusión *f* Abschluss
plantearse hier: auftreten
entrevista *f* Gespräch
agradable angenehm
provechoso nützlich, vorteilhaft

Ablehnung eines Dienstleistungsangebots
Rehusamiento de oferta de servicios

16

→ Briefe 14, 15

Pedro Ribera Villanueva
Comisiones y Representaciones
C/Orense, 103
E-28020 MADRID

Señor Ribera:

Acusamos recibo de su carta de fecha 25 del corriente ofreciendo la representación de nuestras máquinas-herramientas en España.

Agradecemos su amable ofrecimiento, pero , debido a que ya disponemos de un representante exclusivo en su país, sentimos tener que informarle que, por el momento, no vemos posibilidad de aceptar sus servicios.

Muy atentamente,

G. Schulze GmbH & Co KG

Fdo. Walter Möller
Jefe de Personal

corriente *m* hier: laufender Monat
representación *f* Vertretung
máquina-herramienta *f* Werkzeugmaschine
debido a hier: da
representante *m* **exclusivo** Exklusivvertreter, Alleinvertreter
sentir hier: bedauern
aceptar annehmen

17 Bericht über den Kaffeemarkt
Informe sobre el mercado del café

➡ Brief 18

Correo electrónico a: meier.kg@gmx.de

De: Luis Escobar de la Vega
Enviado: Martes, 14 de octubre de . . . ., 10.10 horas
Para: Sección de Ventas
Asunto: Mercado del café

Como continuación a mi último informe del pasado mes sobre el mercado del cacao, quisiera darles hoy una idea general sobre la situación actual del mercado del café en Colombia.

La introducción de las últimas innovaciones tecnológicas en el cultivo del café ha reportado un considerable aumento de la productividad, plasmado en unos mayores rendimientos por hectárea.

La cosecha de octubre del pasado año hasta septiembre del actual experimentó, con un volumen de 13 millones de sacos, de 60 kgs cada uno, un incremento de aproximadamente el 14% sobre la producción media de las tres últimas cosechas. Las perspectivas para la próxima cosecha continúan siendo positivas, estimándose una producción algo superior a los 14 millones de sacos. Con el fin de compensar precios de venta inferiores del tipo «colombian mild», que es el que goza de mayor demanda en la actualidad, la Asociación Nacional de Cafeteros, así como los exportadores privados aumentaron el volumen de exportación en un 28% frente a la campaña anterior.

. . ./2

continuación *f* Anschluss, Fortsetzung
cultivo *m* Anbau
reportar führen zu
aumento *m* Erhöhung
productividad *f* Leistung
rendimiento *m* Ertrag
plasmar en sich äußern in
hectárea *f* Hektar
cosecha *f* Ernte
experimentar hier: erreichen
saco *m* Sack
incremento *m* Steigerung
producción *f* **media** durchschnittliche Produktion
perspectiva *f* Aussicht
superior a höher als
compensar ausgleichen
gozar de genießen, sich erfreuen
Asociación *f* **Nacional de Cafeteros** Nationaler Verband der Kaffeeanbauer

/2

Este aumento de la exportación fue posible gracias a una considerable reducción de las existencias.

La exportación de café representa hoy en día cerca del 22% de la exportación total del país, ocupando por primera vez el segundo lugar, después de las exportaciones de petróleo y derivados.

Hace unos días recibí muestras de café de los diferentes tipos de la última cosecha, así como cotizaciones para los mismos. Por paquete postal les remito hoy mismo dichas muestras.

Rogándoles me indiquen a la mayor brevedad su opinión en cuanto a posibles ventas de los diferentes tipos, les saludo,

Luis Escobar de la Vega

volumen *m* **de exportación**
Exportvolumen
existencias *f/pl*
Bestände
ocupar einnehmen
petróleo *m* Erdöl
derivado *m* Derivat
muestra *f*
Muster, Probe
cotización *f*
Preisnotierung
paquete *m* **postal**
Postpaket
aprovechar la oportunidad
die Gelegenheit wahrnehmen

18 Bericht über den Baumwollmarkt
Informe sobre el mercado del algodón

➡ Brief 17

Correo electrónico a gebr.lindemann@com.de

De: Carlos Santamaría Rueda
Enviado: Miércoles, 16 de marzo de . . . .,
14.50 horas
Para: Gustav Schlumberger, sección marketing
Asunto: Informe sobre la situación actual en el mercado de algodón en Paraguay

Gustav Schlumberger:

En respuesta a su correo electrónico del 16 del corriente, les remito a continuación mi informe sobre la situación actual en el mercado de algodón en Paraguay.

A consecuencia de las malas condiciones climáticas, el mercado algodonero, al igual que muchos mercados de productos del sector agrario, no respondió, ni en cantidad ni en lo que se refiere a la calidad, a las expectativas previstas. A pesar de una cosecha récord de alrededor de 640.000 toneladas frente a 630.000 el año anterior, la producción quedó por debajo de las previsiones.

Los precios fluctuaron diariamente de acuerdo con las informaciones recibidas acerca de las condiciones atmosféricas reinantes en las zonas productoras y a la marcha de los negocios de los tejidos de algodón en el extranjero. Numerosos operadores de este mercado consideran que pasado cierto tiempo, los precios del algodón se cotizarán a niveles más bajos. Las estadísticas publicadas recientemente revelan que las existencias han aumentado considerablemente.

. . ./2

a continuación nachstehend
algodón *m* Baumwolle
condición *f* **climática** klimatische Bedingung
mercado *m* **algodonero** Baumwollmarkt
sector *m* **agrario** Landwirtschaftssektor
responder entsprechen
tonelada *f* Tonne
por debajo de unter
previsión *f* hier: Prognose
fluctuar schwanken
condiciones *f/pl* **atmosféricas** Wetterbedingungen
tejido *m* Gewebe, Stoff
considerar glauben, der Ansicht sein
pasado hier: nach Ablauf
cotizar hier: notiert werden
estadística *f* Statistik
revelar zeigen

/2

Las exportaciones han alcanzado casi 230.000 toneladas. Los productores de algodón esperan para la campaña próxima costes de financiación más elevados y una más baja rentabilidad. Las fibras paraguayas, conocidas por su alta calidad, continúan obteniendo buenos precios en los mercados mundiales. El algodón, que hasta la fecha se exporta en su mayor parte sin elaborar, será elaborado en el futuro en proporción cada vez más elevada dentro del país. En la actualidad existe una fuerte actividad inversora en este sector.

Esperando haberles sido de utilidad con estas informaciones, les saludo atentamente,

Carlos Santamaría Rueda

alcanzar erreichen
campaña *f* Kampagne
coste *m* **de financiación** Finanzierungskosten
rentabilidad *f* Rentabilität
fibra *f* Faser
mercado *m* **mundial** Weltmarkt
hasta la fecha bis heute
sin elaborar hier: unbearbeitet
proporción *f* Umfang
en la actualidad zurzeit
actividad *f* **inversora** Investitionstätigkeit

19 Anfrage nach Preisen und Konditionen
Demanda de precios y condiciones

➡ Briefe 20, 21

Walther & Co. GmbH
Ballindamm 57

D-20095 Hamburg

Señores:

A través de la Cámara de Comercio Alemana para España nos hemos enterado de que su empresa es una de las empresas líderes en la fabricación de equipos para laboratorios.

Les quedaríamos muy agradecidos si nos dieran, a la mayor brevedad posible, su mejor cotización para los artículos de laboratorio detallados a continuación, indicando al mismo tiempo los diferentes tipos de que disponen y características de los mismos.

Por el momento estamos interesados en la adquisición de

5 centrífugas refrigeradoras
6 balanzas de precisión
2 estufas
1 armario desecador
2 termóstatos

Rogamos calculen sus precios para un suministro franco sobre vagón hasta destino, comprendidos todos los gastos, es decir, según la cláusula «DDP» de los Incoterms, revisión de 1990.

A la espera de su oferta con indicación del plazo de entrega y sus condiciones de pago más favorables, les saludamos muy atentamente,

Laboratorios Dr. Escobar, S. L.

Cámara *f* **de Comercio** Handelskammer
empresa *f* **líder** führende Firma
equipo *m* Ausrüstung
cotización *f* hier: Preisangebot
disponer de verfügen über
adquisición *f* Erwerb
centrífuga *f* **refrigeradora** Kühlzentrifuge
balanza *f* **de precisión** Fein-, Präzisionswaage
estufa *f* Heizofen
armario *m* **desecador** Trockenschrank
termóstato *m* Thermostat
suministro *m* Lieferung
franco sobre vagón frei Waggon
destino *m* Bestimmungsort
comprender einschließen
gasto *m* Ausgabe, Unkosten
revisión *f* Überarbeitung
plazo *m* **de entrega** Lieferfrist
condición *f* **de pago** Zahlungsbedingung

Angebot auf eine Anfrage
Oferta en relación con una demanda

20

→ Briefe 19, 21

Laboratorios Dr. Escobar, S. L.
Avda. Alberto Alcocer, 10
E-28016 MADRID

Señores:

En contestación a su carta de fecha 20 del corriente, adjunto les remitimos el catálogo ilustrado de los artículos fabricados por nuestra empresa así como la lista de precios actualmente en vigor.

Sentimos no poderles complacer en cuanto a una cotización franco vagón en ésa, dado que es costumbre de nuestra casa suministrar siempre franco a bordo Hamburgo.

La entrega sería efectuada inmediatamente al recibir el pedido en firme. Como forma de pago, proponemos apertura de crédito documentario irrevocable.

Los precios que les cotizamos son ajustadísimos, sobre todo teniendo en cuenta la excelente calidad de nuestros productos.

Esperando vernos favorecidos con un pedido, les saludamos muy atentamente,

Walther & Co. GmbH

contestación *f* Beantwortung
catálogo *m* **ilustrado** bebilderter Katalog
en vigor gültig
sentir hier: bedauern
no poderles complacer hier: Ihnen nicht dienen können
costumbre *f* Gewohnheit
franco a bordo FOB
efectuar erfolgen
pedido *m* **en firme** Festauftrag
forma *f* **de pago** Zahlungsart
apertura *f* Eröffnung
crédito *m* **documentario irrevocable** unwiderrufliches Dokumentenakkreditiv
ajustadísimo hier: äußerst niedrig
tener en cuenta berücksichtigen
verse favorecido hier: sich geehrt sehen

21 Verschiffungsanzeige und Dokumentenversand
Aviso de embarque y remesa de documentación

➡ Briefe 19, 20

Escobar & Santamaría
Calle 13, nº 153
BOGOTA 1, D. E.
COLOMBIA

Señores:

Como continuación a nuestra carta del 15 del corriente y en respuesta a su fax de ayer, tenemos el gusto de participarles que con fecha de hoy hemos efectuado, de acuerdo con las condiciones estipuladas, el embarque en el vapor «Bremen», con destino a Barranquilla, de los artículos indicados a continuación:

50 armarios metálicos para herramientas
70 armarios metálicos clasificadores con 37 cajoncitos
100 cajas metálicas para herramientas
50 taladros eléctricos CSB-550-RET
100 atornilladores sin cable 9018

Los documentos de embarque y la factura consular fueron remitidos a su agente de aduanas de Barranquilla, Bastos & Cía., con esta misma fecha.

Por el importe total de la factura de

24.400,– €,

que va adjunta a la presente, nos hemos permitido librar una letra a 30 d/v a cargo de ustedes y a la orden del Banco Germánico de la América del Sur, rogándoles se sirvan dar buena acogida a este giro.

Esperando vernos favorecidos en breve con nuevos pedidos, que serán atendidos, como es habitual de nuestra casa, con el mayor esmero y prontitud, les saludamos muy atentamente,

Krause & Mertens

participar hier: mitteilen
embarque *m* Verschiffung
vapor *m* Dampfer, Schiff
con destino a hier: nach
herramienta *f* Werkzeug
armario *m* **clasificador** Sortierschrank
cajoncito *m* Schublade
taladro *m* Bohrer
atornillador *m* **sin cable** kabelloser Schraubendreher
documento *m* **de embarque** Verschiffungsdokument
factura *f* **consular** Konsulatsfaktura
agente *m* **de aduana** Zollagent
librar una letra einen Wechsel ziehen
30 d/v (días vista) 30-Tage-Sicht
a cargo de zulasten von
a la orden de an Order
atender un pedido einen Auftrag bearbeiten
esmero *m* Sorgfalt
prontitud *f* Schnelligkeit

Übersendung eines Schecks
Remesa de cheque

22

Transportes Martínez Soria
Calle Lauria, 145
E-08008 BARCELONA

Señores:

En respuesta a su carta del 2 del corriente y como liquidación de su factura de flete de fecha 2 de junio pasado, adjunto les remitimos cheque nº 327182 del Dresdner Bank AG, Düsseldorf, extendido a la orden de ustedes, por importe de

1.250,– €

Rogamos disculpen la tardanza en saldar este importe, debida a un descuido de nuestra Contaduría, que lamentamos.

En espera de su acuse de recibo, les saludamos muy atentamente,

Steinbach & Co. GmbH

liquidación *f* Ausgleich
flete *m* Fracht
extender ausstellen
disculpar entschuldigen
tardanza *f* Verzögerung
saldar begleichen
descuido *m* Nachlässigkeit
contaduría *f* Buchhaltung
lamentar bedauern
acuse *m* **de recibo** Empfangsbestätigung

23 Mahnung wegen Nichtzahlung
Reclamación por falta de pago

➡ Briefe 24, 25, 26, 27, 28

Steinbach & Co. GmbH
Neuer Wall 25

D-20354 Hamburg

Señores:

En relación con el suministro de máquinas-herramientas se originaron gastos de flete por un importe de 1.250,– €, según nuestra factura del 2 de junio, que acompañaba a nuestra carta de igual fecha.

Lamentamos tener que recordarles que, a pesar del tiempo transcurrido, dicha factura está aún pendiente de pago.

Dado que ustedes siempre cumplieron sus compromisos con puntualidad, atribuimos esta demora a un posible descuido de su parte, por cuyo motivo les rogamos examinen detenidamente el asunto.

Esperando liquiden la deuda pendiente a la mayor brevedad posible, les saludamos muy atentamente,

Transportes Martínez Soria

suministro *m* Lieferung
máquina-herramienta *f* Werkzeugmaschine
originarse entstehen
gastos *m/pl* **de flete** Frachtkosten
recordar erinnern
transcurrir verstreichen
estar pendiente hier: offen stehen
cumplir erfüllen
compromiso *m* Verpflichtung
puntualidad *f* Pünktlichkeit
atribuir a zurückführen auf
demora *f* Verzug
examinar prüfen
detenidamente genau
liquidar ausgleichen, bezahlen
deuda *f* Schuld

Erste Mahnung wegen Nichtzahlung
Primera reclamación por impago

24

➡ Briefe 23, 25, 26, 27, 28

Luis Rovira & Hijos
Transits, 23
E-46002 VALENCIA

Señores:

Lamentamos tener que comunicarles que al examinar nuestros libros hemos podido constatar que su cuenta arroja un saldo a nuestro favor de

5.754,– €

pendiente de pago desde ya hace casi tres meses.

A pesar de haberles remitido ya varios extractos de cuenta, rogándoles hagan efectivo el importe en cuestión, no hemos recibido hasta la fecha ninguna aclaración sobre tal proceder.

Sólo nos cabe suponer que esta demora será debida a un descuido por parte de su departamento competente, por lo que les rogamos se sirvan tomar las medidas pertinentes para que este asunto quede solucionado lo más pronto posible. Aparte de que ya de por sí el margen de beneficio en las transacciones efectuadas con ustedes es muy reducido, tal demora nos está causando pérdida de intereses.

Esperando efectúen la cobertura de fondos a la mayor brevedad posible les saludan muy atentamente,

R. Petersen & Co.

lamentar bedauern
cuenta *f* Konto
arrojar hier: aufweisen
a nuestro favor zu unseren Gunsten
pendiente ausstehend
remitir zustellen
extracto *m* **de cuenta** Kontoauszug
hacer efectivo begleichen
proceder *m* Vorgehen(sweise)
demora *f* Verzögerung
competente zuständig
tomar las medidas pertinentes die erforderlichen Maßnahmen treffen
solucionar lösen, regeln
margen *m* **de beneficio** Gewinnmarge
pérdida *f* **de interesses** Zinsverlust
cobertura *f* Deckung

25 Antwort auf Mahnung und Zahlung
Respuesta a reclamación y pago

➡ Briefe 23, 24, 26, 27, 28

R. Petersen & Co.
Am Lindener Hafen 38

D-30453 Hannover

Apreciados señores:

Acusamos recibo de su carta de fecha 2 de abril reclamando el importe de

5.754,– €

Para su información, quisiéramos señalarles que dicha carta llegó a nuestro poder anteayer, es decir con un retraso de casi dos semanas, debido a una huelga general de los servicios postales que paralizó por completo la distribución del correo.

No obstante este percance, debemos admitir nuestra negligencia. Rogamos encarecidamente disculpen tanto la demora en el pago así como nuestro prolongado silencio, asegurándoles que dicha situación no volverá a repetirse.

Con fecha de ayer hemos dado instrucciones a nuestro banco para que les transfiera inmediatamente el importe en cuestión a la cuenta que mantienen en el Dresdner Bank, de ésa.

Reiterándoles nuestras más sinceras disculpas, les saludamos muy atentamente,

Luis Rovira & Hijos

reclamar hier: anmahnen
señalar mitteilen, anzeigen
llegar a nuestro poder bei uns ankommen
retraso *m* Verspätung
debido a wegen
huelga *f* Streik
servicio *m* **postal** Postdienst
paralizar lähmen, stilllegen
distribución *f* **del correo** Postverteilung
percance *m* Zwischenfall, Missgeschick
admitir zugeben
negligencia *f* Nachlässigkeit
encarecidamente nachdrücklich
prolongado lange (dauern)
no volverá a repetirse wird sich nicht wiederholen
mantener una cuenta ein Konto haben
reiterar wiederholen

Zweite Mahnung mit Angebot der Zahlungserleichterung
Segunda reclamación ofreciendo facilidades de pago

26

➡ Briefe 23, 24, 25

Luis Rovira & Hijos
Transits, 23
E-46002 VALENCIA

Señores:

Con referencia a nuestra carta del 20 del pasado mes, lamentamos tener que recordarles nuevamente que el importe de 5.754,– € continúa pendiente de pago a pesar del tiempo transcurrido.

Considerando que ustedes hasta la fecha siempre fueron puntuales en la liquidación de sus facturas, comprenderán nuestra extrañeza ante esta primera demora.

Si, debido a dificultades momentáneas, no se ven ustedes en condiciones de atender este compromiso, no tendríamos inconveniente en concederles facilidades de pago. A tal efecto, y para demostrarles nuestra buena voluntad, estaríamos dispuestos a aceptar tres pagos parciales de 1.918,– €, cada uno, a liquidar el primero en el plazo de una semana, el segundo en un mes y el tercero en dos meses. El primer pago se podría efectuar por medio de cheque cruzado, los otros dos mediante letras a 30 y 60 días vista respectivamente.

No dudando que esta propuesta encontrará su conformidad, quedamos a la espera de una pronta respuesta.

Muy atentamente,

R. Petersen & Co.

recordar (daran) erinnern
continuar pendiente weiterhin offen stehen
tiempo *m* **transcurrido** vergangene Zeit
liquidación *f* hier: Zahlung
extrañeza *f* Erstaunen
momentáneo vorübergehend
atender un compromiso einer Verpflichtung nachkommen
no tener inconveniente en nichts dagegen haben
facilidad *f* **de pago** Zahlungserleichterung
pago *m* **parcial** Teilzahlung
plazo *m* Frist
cheque *m* **cruzado** Verrechnungsscheck
letra *f* Wechsel
dudar zweifeln
propuesta *f* Vorschlag
conformidad *f* Einverständnis

27 Zweite Mahnung mangels Zahlung
Segunda reclamación por impago

➡ Briefe 23, 24, 25, 26, 28

Luis Rovira & Hijos
Transits, 23
E-46002 VALENCIA

Señores:

Mucho nos sorprende no haber tenido contestación de ustedes a nuestra carta del 15 del corriente reclamando el importe de 5.754,– €, pendiente desde hace más de tres meses.

Tanto más extraño nos resulta su silencio, teniendo en consideración que nunca tuvimos motivo de queja en las relaciones comerciales con su empresa.

De ningún modo estamos dispuestos a dejar pendiente este asunto por más tiempo, por lo que, en caso de no haber recibido de ustedes el citado importe antes del próximo día 10, nos veremos obligados a girar a su cargo una letra a la vista, a través del Banco de Santander de ésa, por dicho importe, más gastos de cobro de 15,– €, es decir, por la suma total de 5.769,– €.

Esperando que comprendan nuestro proceder, quedamos de ustedes muy atentamente,

R. Petersen & Co.

sorprender
verwundern
contestación *f*
Antwort
reclamar
hier: anmahnen
extraño
befremdend, sonderbar
tener en consideración
bedenken
motivo *m* **de queja**
Grund zur Klage
dejar pendiente
offen, unerledigt lassen
verse obligado
sich gezwungen sehen
a su cargo
zu Ihren Lasten
proceder *m*
Vorgehensweise

Dritte Mahnung und Klageandrohung
Tercera reclamación y conminación de demanda

28

➡ Briefe 23, 24, 25, 26, 27

Luis Rovira & Hijos
Transits, 23
E-46002 VALENCIA

Señores:

Nuestro banco acaba de informarnos que ustedes han rehusado el pago de nuestra letra a la vista por importe de

5.769,– €

Mucho nos sorprende esta conducta después de tantos años de intachables relaciones. Además, debemos expresar nuestra extrañeza ante el hecho de que ustedes ni siquiera han considerado oportuno dar una explicación sobre los motivos de tan insólito proceder.

Ante tal indiferencia de su parte, no nos queda otro remedio, que poner este enojoso asunto en manos de nuestro abogado, con instrucciones de que inicie las diligencias pertinentes para proceder al cobro pendiente por vía judicial.

Lamentamos sinceramente vernos obligados a tomar medidas tan drásticas, pero ustedes no nos dejan otra solución.

Atentamente,

R. Petersen & Co.

rehusar verweigern
conducta *f* Verhalten
intachable tadellos, einwandfrei
extrañeza *f* Befremden
ni siquiera nicht einmal
considerar oportuno es für angebracht halten
insólito ungewöhnlich
indiferencia *f* Gleichgültigkeit
enojoso ärgerlich
abogado *m* Rechtsanwalt
iniciar in die Wege leiten
las diligencias pertinentes die erforderlichen Schritte
proceder al cobro pendiente die ausstehende Zahlung erreichen
por vía judicial auf juristischem Wege
no dejar otra solución keine andere Wahl lassen

29 Auftrag nach Messebesuch
Pedido después de visita de feria

➡ Brief 30

ROTAPRINT Aktiengesellschaft
Gertrudenkirchhof 29

D-20095 Hamburg

Señores:

Con referencia a la agradable entrevista celebrada con el Sr. Neumann en el stand de su empresa en la Feria de Hanóver la semana pasada, desearíamos nos suministren a la mayor brevedad posible

10 máquinas de imprimir «Rotaprint»
Modelo M3

al precio de 350,– € por unidad, incluidos los gastos de embalaje y expedición hasta la estación de ferrocarril Atocha, según las condiciones de suministro que nos entregó el Sr. Neumann con motivo de nuestra visita en su stand.

Por el importe total de 3.500,– €, les rogamos giren una letra de cambio a nuestro cargo a 30 días vista, como habíamos acordado con su delegado.

Si las máquinas encuentran la buena aceptación que esperamos en este mercado, probablemente les pasaremos, en breve, un pedido de mayor consideración, esperando en tal caso que ustedes nos concederán un precio especial.

En espera de su aviso de expedición, les saludamos muy atentamente,

Echevarría & Cía.

entrevista *f*
Zusammenkunft, Besprechung
celebrar
hier: abhalten
suministrar liefern
máquina *f* **de imprimir**
Druckmaschine
unidad *f*
Stück, Einheit
embalaje *m*
Verpackung
expedición *f* Versand
condición *f* **de suministro**
Lieferbedingung
letra *f* **de cambio**
Wechsel
acordar vereinbaren
delegado *m*
Vertreter, Delegierter
encontrar buena aceptación *f*
gut ankommen, gut angenommen werden
un pedido de mayor consideración
ein größerer Auftrag
conceder gewähren
aviso *m* **de expedición**
Versandavis

Versandavis und Hinweis auf Irrtum in der Tratte
Aviso de expedición y sobre error en el giro

30

➡ Brief 29

Echevarría & Cía.
San Bernardo, 53
E-28015 MADRID

Señores:

Acusamos recibo de su atenta carta del 15 del corriente con la que nos pasan un pedido de

10 máquinas de imprimir ROTAPRINT M3

modelo que les fue demostrado por nuestro delegado Sr. Neumann en la Feria de Hanóver.

Les damos nuestras más expresivas gracias por este primer pedido, que ya hemos cursado. Adjunto les remitimos la correspondiente factura así como nuestra carta de porte.

Desgraciadamente hemos incurrido en un error al extender la letra de cambio. En lugar de 3.500,– €, hemos girado la letra a su cargo por valor de 3.550,– €, habiéndonos percatado de ello cuando la letra ya había sido entregada a nuestro banco para su negociación. Les rogamos, no obstante, atiendan el giro a su presentación. Para subsanar este error les remitimos cheque cruzado por el importe excedente de 50,– €.

Muy atentamente,

ROTAPRINT Aktiengesellschaft

Anexos: 1 factura comercial
1 carta de porte
1 cheque cruzado

demostrar vorführen
primer pedido *m* Erstauftrag
cursar hier: weiterleiten, erledigen
carta *f* **de porte** Frachtbrief
incurrir en un error einen Fehler machen
extender ausstellen
por valor de im Werte von
percatarse de einer Sache gewahr werden, bemerken
negociación *f* Begebung, Negoziierung
atender el giro den Wechsel einlösen
presentación *f* Vorlage
subsanar wieder gutmachen
cheque *m* **cruzado** Verrechnungsscheck
importe *m* **excedente** überschüssiger Betrag

31 Unverlangtes Angebot
Oferta sin demanda

→ Brief 32

Iturmendi & Cía.
Gran Vía, 53
E-48001 BILBAO

Señores:

Tenemos mucho gusto de anunciar a ustedes que, en escritura pública nº . . . ., hemos constituido recientemente una sociedad de responsabilidad limitada bajo la razón social que figura en el membrete, cuyos servicios ponemos a su disposición.

Nuestra sociedad pertenece al conocido grupo Industrial Hispana y se dedica a la venta, así como servicio postventa, de toda clase de construcciones mecánicas, como máquinas-herramientas, bombas, compresores, filtros, engranajes etc.

Les rogamos tomen nota de nuestra oferta y nos indiquen sus necesidades para pasarles acto seguido una oferta detallada. Podemos ofrecer artículos de primera calidad a los precios más ventajosos.

Esperando poder contarles entre nuestra clientela, les saludamos muy atentamente,

Apparate und Maschinen
Hans Möller GmbH

p.p. José María Sánchez
Director Adjunto

escritura *f* **pública** öffentliche Urkunde
constituir bilden, hier: gründen
sociedad *f* **de responsabilidad limitada** Gesellschaft mit beschränkter Haftung
razón *f* **social** Firmenname
figurar hier: stehen
membrete *m* Briefkopf
grupo *m* **industrial** Industriekonzern
servicio *m* **postventa** Kundendienst
máquina *f* **herramienta** Werkzeugmaschine
bomba *f* Pumpe
compresor *m* Verdichter, Kompressor
engranaje *m* Zahnradgetriebe
tomar nota zur Kenntnis nehmen
necesidades *f/pl* Bedarf
acto seguido im Anschluss daran
clientela *f* Kundenkreis

Bitte um Katalog und Preise
Petición de catálogo y precios

32

➡ Brief 31

Correo electrónico a möller.gmbh@tel.de

De: Javier Iturmendi, Gerente
Enviado: Jueves, 7 de Setiembre de . . . ., 17.35 horas
Para: Departamento de Ventas
Asunto: Envío de su catálogo, lista de precios y condiciones de venta

Señores:

Acusamos recibo de su atenta circular de fecha 15 del corriente ofreciéndonos los servicios de su recién fundada empresa.

Dado que estamos muy interesados en algunos de sus artículos, desearíamos nos remitiesen su catálogo con indicación de sus precios más reducidos, así como sus condiciones generales de venta.

Agradeciéndoles de antemano su atención, reciban atentos saludos,

Iturmendi & Cía.

Javier Iturmendi
Gerente

acusar recibo Empfang bestätigen
circular *f* Rundschreiben
empresa *f* **recién fundada** kürzlich gegründete Firma
estar interesado en interessiert sein an
remitir zusenden
indicación *f* Angabe
el precio más reducido der niedrigste Preis
agradecer de antemano im Voraus danken

33 Erteilung von ungünstigen Auskünften
Remisión de informes desfavorables

➡ Briefe 4, 5, 34

Schneider & Hartmann
Alter Wall 137

D-20457 Hamburg

Señores:

A su solicitud de informes del 14 del corriente, lamentamos tener que comunicarles que desde hace aproximadamente un año no mantenemos relaciones con la empresa de referencia. Las experiencias que tuvimos con la misma no fueron en absoluto satisfactorias, por lo que no la consideramos recomendable para la clase de negocios que ustedes tienen la intención de llevar a cabo.

Durante nuestras cortas relaciones los responsables de la casa en cuestión se vieron obligados en repetidas ocasiones a solicitar prórrogas de pago, no estando en el último tiempo en condiciones de hacer frente a los compromisos contraídos, por lo que tuvimos que recurrir al fin a la vía judicial para hacer valer nuestros derechos.

Según tenemos entendido, dicha empresa ha experimentado grandes pérdidas en los meses pasados, por lo que no nos extrañaría que, dados los muy limitados recursos financieros de que dispone, se vea obligada a suspender sus pagos.

Rogándoles una absoluta discreción en el uso de esta información que les damos sin garantía ni responsabilidad por nuestra parte, les saludamos muy atentamente,

Carlos Romero & Cía.

solicitud *f* **de informes** Bitte um Auskunft
experiencia *f* Erfahrung
recomendable empfehlenswert
responsable *m* der Verantwortliche
en repetidas ocasiones bei wiederholten Gelegenheiten
prórroga *f* **de pago** Zahlungsaufschub
hacer frente a un compromiso eine Verpflichtung erfüllen
contraer un compromiso eine Verpflichtung eingehen
recurrir a la vía judicial den Rechtsweg beschreiten
hacer valer geltend machen
experimentar una pérdida einen Verlust erleiden
recurso *m* **financiero** Geldmittel
suspender sus pagos seine Zahlungen einstellen
absoluta discreción *f* absolute Diskretion
sin garantía ni responsabilidad ohne Obligo

Erteilung von neutralen Auskünften
Remisión de informes neutrales

34

Briefe 4, 5, 33

Schneider & Hartmann
Alter Wall 137

D-20457 Hamburg

Señores:

Nos referimos a su carta del 14 del corriente solicitando informes sobre la solvencia de la casa mencionada en volante aparte.

Dado que mantenemos relaciones comerciales con dicha firma desde hace sólo unos meses y las operaciones realizadas no fueron de gran importancia, no nos es posible emitir un juicio suficientemente objetivo sobre la misma.

Por una parte, circulan rumores de que sufre la competencia de las grandes empresas del ramo, pero, por otra, de que goza de la confianza de los bancos con que trabaja.

Lamentando no poder darles información más detallada, les saludamos muy atentamente,

Carlos Romero & Cía.

solicitar informes um Auskunft bitten
solvencia *f* Solvenz, Zahlungsfähigkeit
volante *m* Zettel
mantener hier: unterhalten
no ser de gran importancia hier: nicht sehr umfangreich sein
emitir un juicio hier: ein Urteil fällen
rumor *m* Gerücht
competencia *f* Konkurrenz
ramo *m* Branche
gozar de genießen
confianza *f* Vertrauen

35 Bitte um Übersendung eines Katalogs und Preisangabe
Petición de catálogo y precios

Karl Neumann
Optische Geräte GmbH
Eschersheimer Landstr. 102

D-60322 Frankfurt/M.

Señores:

Por el anuario alemán «Quién suministra qué», donde ustedes figuran como sumistradores, nos hemos enterado de que su empresa fabrica aparatos ópticos para fines industriales.

Dado que nuestra empresa, en su afán de innovación, quisiera modernizar por completo sus instalaciones, desearíamos nos hicieran llegar un catálogo ilustrado de sus productos, cotizándonos sus precios más reducidos especificando al mismo tiempo sus condiciones de pago y plazos de entrega.

Agradeciéndoles por anticipado su atención, les saludamos muy atentamente,

Industrias Metálicas, S.A.

anuario *m* Adressbuch
«Quién suministra qué» „Wer liefert was"
suministrador *m* Lieferant
aparato *m* **óptico** optisches Gerät
para fines industriales für Industriezwecke
afán *m* Streben
hacer llegar zukommen lassen
catálogo *m* **ilustrado** bebilderter Katalog
especificar spezifizieren, einzeln aufführen
plazo *m* **de entrega** Liefertermin

Reklamation wegen Abweichung vom Muster
Reclamación por diferencia con la muestra

36

Fábrica de Mantas
«La Leonesa», S.A.
Padre Isla, 37
E-24002 LEON

Señores:

Acabamos de recibir el envío de los géneros correspondientes a nuestro pedido M 25, de fecha 10 del corriente.

El examen de este suministro ha revelado que una de las tres cajas contiene mantas de lana cuya calidad no corresponde a la muestra enviada previamente. Suponemos que su departamento de expedición ha sufrido un error al empaquetar la mercancía.

Con el fin de que puedan comprobar la veracidad de nuestra afirmación, les devolvemos con esta misma fecha, por paquete postal, una de las mantas de esta calidad inferior.

Para evitarnos mutuamente los consiguientes gastos adicionales de devolución y nuevo envío, estaríamos dispuestos a hacernos cargo de las mantas de inferior calidad a un precio reducido. A nuestro juicio un descuento del orden del 15% estaría justificado, dado que en lugar de 100% lana pura se trata de un 80% de lana y un 20% de poliéster.

Esperando su pronta respuesta a nuestra proposición por télex o telefax, les saludamos muy atentamente,

Schäfer & Co. KG

➡ Briefe, 37, 38, 39, 40, 41, 42, 43

géneros *m/pl* hier: Waren
revelar aufdecken, offenbaren
manta *f* **de lana** Wolldecke
departamento *m* **de expedición** Versandabteilung
sufrir un error hier: einen Fehler machen
empaquetar einpacken
comprobar feststellen
veracidad *f* Wahrhaftigkeit
afirmación *f* Behauptung
devolver zurückschicken
calidad *f* **inferior** mindere Qualität
devolución *f* Rücksendung
a un precio reducido zu einem geringeren Preis
juicio *m* Urteil, hier: Ermessen
estar justificado berechtigt sein
lana *f* **pura** reine Wolle
proposición *f* Vorschlag

37 Annahme der Reklamation
Admisión de la reclamación

➡ Briefe 36, 38, 39, 40, 41, 42, 43

TELEFAX

Fecha: 13 de marzo de . . .
Páginas: 1

De: Fábrica de Mantas «La Leonesa», S.A., León

A: Schäfer & Co. KG, Düsseldorf

Lamentamos mucho la reclamación que nos hacen con su carta del 15 del corriente en relación con nuestro suministro de mantas de lana, rogándoles encarecidamente nos dispensen este error que, como ustedes habían supuesto, se debió a un descuido de nuestro departamento de expedición.

Agradecemos su buena voluntad de hacerse cargo de la caja de mantas de inferior calidad. Quisiéramos, sin embargo, señalar que no podemos rebajar la mercancía objeto de reclamación en un 15%. Si bien la calidad es inferior, tal descuento constituiría una pérdida considerable para nosotros, prefiriendo en este caso la devolución y reemplazo, por nuestra cuenta, de los géneros objeto de la reclamación. No obstante, en vista de nuestras excelentes relaciones y para solucionar amigablemente el asunto, estaríamos dispuestos a concederles una rebaja del 10%.

En la seguridad de que ello encontrará su aprobación y rogándoles perdonen las molestias ocasionadas, quedamos a la espera de sus prontas noticias.

Muy atentamente,

Fábrica de Mantas
«La Leonesa», S.A.

dispensar hier: entschuldigen
supuesto (Part. Perf. von suponer) annehmen
buena voluntad *f* guter Wille
señalar hier: betonen
rebajar herabsetzen
constituir darstellen
pérdida *f* Verlust
re(e)mplazo *m* Ersatz, Ersetzung
objeto de Gegenstand von
solucionar lösen
amigablemente freundschaftlich
conceder gewähren
en la seguridad de que hier: da wir sicher sind, dass
aprobación *f* Zustimmung
molestia *f* Unannehmlichkeit
ocasionar verursachen

Reklamation wegen mangelhafter Verpackung
Reclamación por embalaje defectuoso

38

Fábrica de Vajillas
Pedro Rovira & Hijos
Rambla, 135
E-03002 ALICANTE

Señores:

Acabamos de recibir su expedición nº 15 de vajilla de porcelana correspondiente a nuestro pedido del 15 de marzo pasado.

Con gran sorpresa y disgusto de nuestra parte, hemos constatado que una parte de la mercancía nos ha llegado en malas condiciones. La mayor parte del contenido de los cajones números 5 y 8 sufrió considerables roturas, que atribuimos a un deficiente embalaje.

Dado que al haber quedado incompletos 3 de los juegos de café y 5 de los juegos de mesa, éstos son invendibles, les rogamos encarecidamente nos repongan a la mayor brevedad posible las piezas dañadas, las cuales hemos especificado en la relación adjunta.

Ya que este daño se ocasionó, en nuestra opinión, por un descuido de su sección de embalaje, se sobreentiende que tal reposición debe efectuarse libre de gastos para nosotros.

En caso de que deseen cerciorarse personalmente de los desperfectos ocurridos, estaríamos dispuestos a devolverles, a su cargo, las piezas correspondientes por paquete postal.

En espera de sus noticias, les saludamos muy atentamente,

Willy Weber & Co. KG

➡ Briefe 36, 37, 39, 40, 41, 42, 43

vajilla *f* **de porcelana** Geschirr aus Porzellan
disgusto *m* Ärger
cajón *m* (größere) Kiste
rotura *f* Bruch, Riss
deficiente unzureichend
juego *m* **de café** Kaffeeservice
juego *m* **de mesa** Tafelservice
ser invendible unverkäuflich sein
reponer ersetzen
dañado beschädigt
relación *f* hier: Aufstellung
descuido *m* Unachtsamkeit
sección *f* **de embalaje** Verpackungsabteilung
sobreentenderse sich von selbst verstehen
reposición *f* Ersetzung
libre de gastos kostenfrei
cerciorarse de sich überzeugen von
desperfecto *m* Schaden, Fehler
a su cargo zu Ihren Lasten

39 Reklamation wird abgelehnt
Denegación de la reclamación

➡ Briefe 36, 37, 38, 40, 41, 42, 43

Willy Weber & Co. KG
Reinsburgstr. 13

D-70178 Stuttgart

Señores:

Lamentamos que una parte del envío que les hicimos de vajilla de porcelana correspondiente a su pedido del 15 de marzo haya llegado dañada a su poder.

No obstante, tenemos que rechazar categóricamente su reclamación por no considerarla de ningún modo procedente. Todas las expediciones realizadas por nuestra empresa están sujetas a una escrupulosa revisión por parte del jefe de nuestra sección de embalaje antes de abandonar nuestro almacén y la verificación que hemos efectuado a continuación de los comprobantes del envío en cuestión demuestran con toda claridad que dicho requisito fue cumplido en nuestro almacén, motivo por el cual descartamos la posibilidad de un descuido del personal encargado del embalaje.

Por las experiencias que hemos tenido últimamente, estamos seguros que las roturas se deben al mal trato que recibió la mercancía durante el transporte. A causa de la prisa que requieren tanto la carga como la descarga de las mercancías transportadas, los empleados del ferrocarril no siempre realizan, por desgracia, esta delicada labor con el cuidado que requieren géneros tan frágiles.

.../2

rechazar zurückweisen
considerar procedente hier: für angebracht halten
estar sujeto a unterliegen
revisión *f* Prüfung
almacén *m* Lager
comprobante *m* Beleg
requisito *m* hier: Formalität
descartar ausschließen
descuido *m* Nachlässigkeit
encargado de beauftragt mit
embalaje *m* Verpackung
mal trato *m* schlechte Behandlung
requerir erfordern
carga *f* Ladung
descarga *f* Entladung

/2

Dado que hemos estipulado una entrega según la cláusula «FCA» de los Incoterms, es decir por cuenta y riesgo de ustedes, rogamos presenten su reclamación ante la compañía de ferrocarriles.

No obstante, y en atención a nuestras buenas relaciones, estamos dispuestos a suministrarles inmediatemente las piezas que sufrieron desperfectos, y que ustedes especificaron en su relación, con un descuento especial del 25%, pudiendo prescindir de una devolución de las mismas.

Esperando que esta propuesta encuentre su conformidad, quedamos a la espera de su pronta respuesta.

Muy atentamente,

Fábrica de Vajillas
Pedro Rovira & Hijos

estipular festsetzen
por cuenta y riesgo zulasten und auf Gefahr
presentar ante hier: geltend machen bei
compañía *f* **de ferrocarriles** Eisenbahngesellschaft
sufrir desperfecto Schaden erleiden
descuento *m* **especial** Sondernachlass
prescindir de absehen von, verzichten auf
conformidad *f* Einverständnis, Zustimmung

40 Reklamation wegen Lieferverzug
Reclamación por demora en el suministro

➡ Briefe 36, 37, 38, 39, 41, 42, 43

Industrias Conserveras, S.L.
Paseo del Mar, 18
E-15314 VIGO (S. Julián)

Señores:

Con fecha 15 de abril les pasamos un pedido de 100 latas de anchoas en aceite, 100 latas de mejillones en escabeche y 120 latas de bonito en aceite que ustedes prometieron suministrar en un plazo máximo de dos semanas.

Mucho nos sorprende que, a pesar del tiempo transcurrido sin haber recibido ni la mercancía ni el correspondiente aviso de envío, ustedes no hayan al menos indicado las razones que han conducido a esta demora de casi un mes.

Como ya les habíamos informado al hacer el pedido, necesitamos estas conservas urgentemente para cubrir nuestras existencias, ya casi agotadas. Dada la gran necesidad que tenemos de dichos artículos y los perjuicios que este retraso nos ocasiona, les rogamos encarecidamente efectúen la entrega inmediatamente, ya que de lo contrario nos veríamos obligados a cancelar el pedido.

Atentamente,

Franz Möller & Co. KG

lata *f* Dose, Konserve
anchoa *f* Anchovis, Sardelle
aceite *m* Öl
mejillón *m* Miesmuschel
escabeche *m* Marinade
bonito *m* Thunfischart
suministrar liefern
plazo *m* Frist
transcurrido vergangen
aviso *m* **de envío** Versandavis
demora *f* Verzögerung
cubrir hier: auffüllen
existencias *f/pl* Bestand
agotado hier: erschöpft
tener gran necesidad de großen Bedarf haben an
efectuar la entrega Lieferung vornehmen
cancelar stornieren

Reklamation wird angenommen
Aceptación de la reclamación

➡ Briefe 36, 37, 38, 39, 40, 42, 43

TELEFAX

Fecha: 14 de abril de . . .
Páginas: 1

De: Industrias Conserveras, S.L., Vigo

A: Franz Möller & Co. KG, Lübeck

Señores:

En contestación a su atenta de hoy, les rogamos perdonen los inconvenientes que les hemos ocasionado al no haber recibido las mercancías a su debido tiempo. El suministro fue efectuado puntualmente, pero a causa de la huelga de los obreros portuarios, de la que por la prensa habrán tenido conocimiento, quedó prácticamente paralizada toda actividad en el puerto de Vigo hasta hace tres días. Nunca hubiéramos supuesto que tal huelga duraría más de una semana.

Según hemos sido informados, el suministro en cuestión se encuentra ya en camino y estará con toda seguridad mañana en su ciudad.

Para mostrarles nuestra buena voluntad y resarcirles de eventuales pérdidas, hemos decidido hacerles un descuento del 5% sobre el valor de la factura.

Rogándoles nuevamente acepten nuestras sinceras disculpas por este retraso involuntario, debido a circunstancias imprevistas, y esperando vernos favorecidos con sus gratas órdenes, les saludamos muy atentamente,

Industrias Conserveras, S.L.

inconveniente *m* Unannehmlichkeit
a su debido tiempo rechtzeitig
efectuar ausführen
huelga *f* Streik
obrero *m* **portuario** Hafenarbeiter
tener conocimiento Kenntnis erhalten
quedar paralizado zum Stillstand kommen
encontrarse en camino sich auf dem Weg befinden
con toda seguridad mit absoluter Sicherheit
mostrar su buena voluntad seinen guten Willen zeigen
resarcir ersetzen, entschädigen
eventuales pérdidas *f/pl* mögliche Verluste
retraso *m* Verzögerung
involuntario unbeabsichtigt
imprevisto unvorhergesehen

42 Reklamation wegen Rechnungsdifferenz
Reclamación por diferencia en la factura

➡ Briefe 36, 37, 38, 39, 40, 41, 43

TELEFAX

Fecha: 9 de mayo de . . .
Páginas: 1

De: Walther & Möller GmbH, Hamburg

A: Luis Romero & Hijos, Alcázar de San Juan (Ciudad Real)

Estimados señores:

Ayer recibimos la documentación relativa al suministro de tres toneles de vino tinto y dos de vino blanco que les pedimos con fecha 15 del pasado mes.

Con pesar, tenemos que manifestarles que no podemos dar nuestra conformidad a su factura, ya que los precios indicados difieren de los que acordamos durante nuestra visita en sus bodegas.

Suponemos que se trata de un error de facturación, por lo que les rogamos extiendan una nueva factura o nos hagan llegar una nota de abono por la diferencia total de 124,– €, ya que al precio facturado no estamos dispuestos a hacernos cargo del suministro.

En espera de su pronta respuesta, quedamos de ustedes muy atentamente,

Walther & Möller GmbH

documentación *f* Unterlagen
tonel *m* Fass
vino *m* **tinto** Rotwein
vino *m* **blanco** Weißwein
con pesar mit Bedauern
manifestar äußern
dar la conformidad einverstanden sein
diferir abweichen
acordar vereinbaren
bodega *f* Weinkellerei
error *m* Fehler
facturación *f* hier: Berechnung
extender ausstellen
nota *f* **de abono** Gutschriftsanzeige
precio *m* **facturado** berechneter Preis
hacerse cargo de hier: übernehmen

Reklamation wird angenommen
Aceptación de la reclamación

43

➡ Briefe 36, 37, 38, 39, 40, 41, 42

TELEFAX

Para:
Compañía: Walther & Möller GmbH, Hamburgo
Teléfono: 040–25 01 48
Fax: 040–25 01 49

De:
Compañía: Luis Romero & Hijos, Alcázar de San Juan (Ciudad Real)
Teléfono: 16 04 43
Fax: 16 04 49

Fecha: 9 de mayo de . . .
Páginas: 1

Estimados señores:

Obra en nuestro poder su telefax de hoy referente a la diferencia de 124,– € existente en nuestra factura.

Se trata, como ustedes han supuesto, de un error de facturación, que tuvo lugar en nuestro departamento de ventas al confundir su pedido con otro de vinos de otra calidad.

Por correo separado, hemos enviado hoy mismo una nueva factura por el importe correcto, por lo que rogamos consideren la anterior como nula y sin efecto.

Lamentando lo ocurrido, que esperamos sepan disculpar, les saludamos muy atentamente,

Luis Romero & Hijos

obrar
hier: sich befinden
en nuestro poder
in unserem Besitz
tratarse de
sich handeln um
tener lugar
sich ereignen
departamento *m* **de ventas**
Verkaufsabteilung
confundir
verwechseln
por correo separado
mit getrennter Post
nulo nichtig, ungültig
sin efecto
gegenstandslos
lo ocurrido
das Vorgefallene
saber disculpar
hier: entschuldigen können

44 Anfrage nach Industrieausrüstungen
Demanda de equipos industriales

➡ Briefe 45, 46, 47, 48, 49, 50, 51, 52

Correo electrónico a industrie.anlagen@com.de

De: Comercial Argentina, Julio Hernandes
Enviado: Jueves, 3 de Noviembre de . . . ., 11.45 horas
Para: Director de Ventas
Asunto: Su gama de productos

Señor:

En nuestro deseo de importar equipos industriales de reconocida calidad, nos hemos dirigido a la Cámara de Industria y Comercio Argentino-Alemana, la cual nos informó que su empresa exporta desde hace muchos años tales productos a diversos países latinoamericanos.

Nos interesaría conocer a fondo la gama de productos que ustedes producen, así como sus condiciones de entrega y pago.

Les rogamos nos envíen catálogos ilustrados, listas de precios y demás material informativo de que dispongan, a fin de estudiar las posibilidades de una relación comercial con su empresa.

Atentamente,

Comercial Argentina, S. A.

reconocido anerkannt
dirigirse a sich wenden an
Cámara *f* de Industria y Comercio Industrie- und Handelskammer
conocer a fondo hier: genau kennen lernen
gama *f* Palette
condición *f* de entrega Lieferbedingung
condición *f* de pago Zahlungsbedingung
lista *f* de precios Preisliste
demás material informativo weiteres Informationsmaterial
relación *f* comercial Handelsbeziehung

Angebot von Industrieanlagen
Oferta de equipos industriales

45

➡ Briefe 44, 46, 47, 48, 49, 50, 51, 52

Comercial Argentina, S.A.
Av. Corrientes, 301
1043 BUENOS AIRES
REPÚBLICA ARGENTINA

Estimados señores:

En poder de su atenta del 3 del corriente, nos es grato ponernos a su disposición para ofrecerles nuestra variada gama de productos de reconocida calidad a precios muy ventajosos.

Adjunto a la presente, les hacemos llegar catálogo y lista de precios, así como un prospecto sobre las actividades de nuestra empresa desde su fundación en el año 1850.

Nuestras condiciones de pago en nuestras primeras relaciones con países de ultramar son a base de crédito documentario, pagadero a la vista. Desde hace muchos años trabajamos con el Deutsch-Südamerikanische Bank, el cual podría actuar como banco notificador de las aperturas de los créditos documentarios.

Gracias a nuestras grandes existencias, cualquier pedido que nos pasen será atendido inmediatamente con todo esmero.

En espera de tenerles pronto en el círculo de nuestra clientela, quedamos a la espera de sus noticias.

Muy atentamente,

Industrie-Anlagen GmbH

Anexo: Catálogo
Lista de Precios
Prospecto

atenta *f* wertes Schreiben
nos es grato hier: es freut uns
poner a su disposición Ihnen zur Verfügung stellen
ventajoso günstig
adjunto beigefügt
hacer llegar zukommen lassen
de ultramar überseeisch
crédito *m* **documentario** Dokumentenakkreditiv
pagadero zahlbar
a la vista auf Sicht
actuar agieren, handeln
banco *m* **notificador** avisierende Bank
apertura *f* Eröffnung
existencias *f/pl* Bestände
atender abwickeln, bedienen
esmero *m* Sorgfalt
clientela *f* Kundschaft

46 Annahme eines Geschäftes auf Akkreditivbasis
Aceptación de un negocio a base de crédito documentario

➡ Briefe 44, 45, 47, 48, 49, 50, 51, 52

Industrie-Anlagen GmbH
Deichstraße 38/40

D-20459 Hamburg

Estimados señores:

Acusamos recibo de su atenta de ayer, a la que adjuntaban catálogo ilustrado de los productos que ustedes fabrican, lista de precios y prospecto informativo sobre las actividades de su empresa.

Después de haber examinado detalladamente su oferta hemos llegado a la conclusión de que una gran parte de los artículos que ustedes suministran podrían cubrir nuestras necesidades actuales.

Con gusto estaríamos interesados en iniciar relaciones comerciales con su empresa sobre la base propuesta por ustedes. Nuestro banco, el Banco Argentino-Germánico, al cual pueden dirigirse si desean referencias sobre nuestra solvencia económica, estaría dispuesto a efectuar pagos a ustedes o a su orden, pagar, aceptar o negociar las letras de cambio que ustedes libren, así como a autorizar que tales pagos, aceptaciones o negociaciones sean realizados por otro banco, contra entrega de los documentos exigidos, siempre y cuando se cumplan las condiciones establecidas en el crédito documentario.

Como pedido inicial desearíamos un suministro, CIF-Buenos Aires, servido con fecha límite, hasta el 10 de abril, de los siguientes artículos:

. . ./2

adjuntar beifügen
cubrir las necesidades den Bedarf decken
iniciar relaciones comerciales con Geschäftsverbindungen aufnehmen mit
la base propuesta die vorgeschlagene Basis
desear referencias Referenzen wünschen
solvencia *f* Solvenz, Zahlungsfähigkeit
efectuar pagos Zahlungen leisten
aceptar una letra de cambio einen Wechsel akzeptieren
librar ziehen (Wechsel)
negociar negoziieren, begeben
documento *m* **exigido** verlangtes Dokument
cumplir erfüllen
establecer festlegen
pedido *m* **inicial** Erstauftrag
servir con fecha límite hier: spätestens liefern

25 bombas neumáticas, modelo K 20
18 medidores de baja presión, modelo A 3
15 compresores, modelo K 20

La documentación requerida sería:

a) factura comercial en original y tres copias firmadas,
b) juego completo de conocimientos de embarque, limpio a bordo,
c) póliza o certificado de seguros cubriendo riesgos de transporte
d) certificado de origen.

Rogándoles nos den su conformidad a nuestra propuesta a la mayor brevedad posible para pasarles el pedido en firme, les saludamos muy atentamente,

Comercial Argentina, S. A.

Guillermo Santos
Director Adjunto

bomba *f* **neumática** Luftpumpe
medidor *m* **de baja presión** Niedrigdruckmesser
compresor *m* Verdichter, Kompressor
documentación *f* **requerida** erforderliche Unterlagen
factura *f* **comercial** Handelsrechnung, Handelsfaktura
firmado unterzeichnet
juego *m* Satz
conocimiento *m* **de embarque** Verschiffungskonnossement
limpio a bordo „clean on board“
póliza *f* **de seguros** Versicherungspolice
certificado *m* **de seguros** Versicherungszertifikat
cubrir (ab)decken
riesgo *m* **de transporte** Transportrisiko
certificado *m* **de origen** Ursprungszeugnis
dar su conformidad sein Einverständnis geben
pedido *m* **en firme** Festauftrag

47 Auftragsbestätigung per Telefax
Confirmación de pedido por telefax

➡ Briefe 44, 45, 46, 48, 49, 50, 51, 52

De: Industrie-Anlagen GmbH, Hamburgo,
A: Comercial Argentina, Buenos Aires

Acusamos recibo de su atenta de hoy y nos apresuramos a informarles que con sumo gusto estamos dispuestos a suministrar los artículos que ustedes desean, en las condiciones estipuladas.

Rogamos den instrucciones a sus banqueros para la correspondiente apertura del crédito documentario.

Dado que, según hemos sido informados, el Banco Argentino-Germánico es corresponsal del Deutsch-Südamerikanische Bank, éste podría actuar como banco confirmador y efectuar el pago a la presentación de los documentos.

Atentamente,

Industrie-Anlagen GmbH

apresurarse
sich beeilen
estar dispuesto
bereit sein
dar instrucciones
Anweisungen geben
a sus banqueros
hier: Ihrer Bank
apertura *f*
Eröffnung
crédito *m* **documentario**
Dokumentenakkreditiv
corresponsal *m*
hier: die Korrespondenzbank
banco *m* **confirmador**
hier: bestätigende Bank
efectuar el pago
Zahlung leisten
presentación *f*
Vorlage

Antrag auf Akkreditiveröffnung
Solicitud de apertura de crédito documentario

48

➡ Briefe 44, 45, 46, 47, 49, 50, 51, 52

Banco Argentino-Germánico
Calle 25 de Mayo, 370
1043 BUENOS AIRES
REPÚBLICA ARGENTINA

Estimados señores:

Confirmamos con la presente nuestra conversación telefónica de hoy con el Sr. Merino, participándoles nuestra intención de importar en nuestro país equipos industriales de calidad, a cuyo efecto nos hemos puesto en contacto, por recomendación de la Cámara de Industria y Comercio Argentino-Alemana, con la casa Industrie-Anlagen GmbH, de Hamburgo. Dicha empresa estaría dispuesta a realizar suministros sobre la base de crédito documentario, pagadero a la vista.

Como primera transacción, quisiéramos importar 25 bombas neumáticas, modelo K 20; 18 medidores de baja presión, modelo A 3, y 15 compresores, modelo K 20. El importe total de esta importación se eleva a 35.550,– €, CIF Buenos Aires. Crédito disponible a la vista contra entrega de los siguientes documentos: a) factura comercial en original y tres copias firmadas, b) juego completo de conocimientos de embarque, limpio a bordo, c) póliza o certificado de seguros, cubriendo riesgos ordinarios de transporte, y d) certificado de origen.

Nuestro suministrador trabaja desde hace muchos años con el Deutsch-Südamerikanische

. . ./2

participar hier: mitteilen
intención *f* Absicht
equipo *m* **industrial** Industrieausrüstung
ponerse en contacto con Verbindung aufnehmen mit
pagadero zahlbar
a la vista auf Sicht
transacción *f* Geschäft
contra entrega gegen Übergabe
factura *f* **comercial** Handelsrechnung, Handelsfaktura
juego *m* **completo** kompletter Satz
conocimiento *m* **de embarque** Verschiffungskonnossement
limpio a bordo „clean on board"
póliza *f* **de seguros** Versicherungspolice
certificado *m* **de seguros** Versicherungszertifikat

/2

Bank, Hamburgo, por lo que desearía que dicho banco actúe como banco notificador de las correspondientes aperturas de crédito.

Les rogamos se sirvan efectuar a la mayor brevedad posible la apertura de un crédito documentario por el importe de 35.550,– €, con cargo a nuestra cuenta con ustedes del contravalor en moneda nacional, a favor del exportador alemán.

Con la indicación de que se dirijan al suscriptor para cualquier aclaración, les saludamos muy atentamente,

Comercial Argentina, S. A.

José Luis Ramos
Gerente

actuar como handeln als
banco *m* **notificador** avisierende Bank
con cargo a zulasten von
contravalor *m* Gegenwert
moneda *f* Währung
suscriptor *m* Unterzeichner

Zustimmung zur Akkreditiveröffnung
Conformidad para la apertura de crédito documentario

49

➡ Briefe 44, 45, 46, 47, 48, 50, 51, 52

Comercial Argentina, S.A.
Av. Corrientes, 301
1043 BUENOS AIRES
REPÚBLICA ARGENTINA

A la atención del Sr. J. L. Ramos, Gerente

Estimado Sr. Ramos:

Con referencia a su atenta de ayer, así como a las conversaciones telefónicas sostenidas con su Sr. Merino, les comunicamos que con sumo gusto vamos a proceder a la apertura del crédito documentario solicitado.

A tal efecto, rogamos a ustedes firmen y nos devuelvan el formulario de solicitud de apertura adjunto, el cual hemos cumplimentado a base del condicionado del crédito.

Mediante la emisión del crédito nos comprometemos en firme por cuenta de ustedes a cumplir con las estipulaciones de pago, siempre y cuando el beneficiario, Industrie-Anlagen GmbH, Hamburgo/Alemania, respete íntegramente las condiciones establecidas.

Una vez recibido el formulario de solicitud debidamente firmado, solicitaremos a nuestro corresponsal, Deutsch-Südamerikanische Bank, se sirva efectuar el aviso de apertura al beneficiario, a fin de que éste proceda a la elaboración y obtención de los documentos acreditativos del embarque y nos los haga llegar a través de nuestro corresponsal de Hamburgo para su entrega a ustedes.

. . ./2

sostener hier: führen
apertura *f* Eröffnung
solicitar beantragen
cumplimentar ausfüllen
condicionado *m* hier: Bedingungen
emisión *f* hier: Ausstellung
comprometerse a sich verpflichten zu
cumplir con erfüllen
estipulación *f* (Vertrags-)Bestimmung
beneficiario *m* Begünstigter
íntegramente ganz, vollständig
una vez recibido sobald wir . . . erhalten haben
solicitar hier: bitten
corresponsal *m* Korrespondenzbank
aviso *m* **de apertura** Eröffnungsavis
elaboración *f* Bearbeitung
obtención *f* Einholung
documento *m* **acreditativo** Dokument, das . . . bestätigt

/2

En el momento en que obre en nuestro poder dicha documentación, se lo haremos saber telefónicamente, a fin de que puedan retirar la mercancía de la aduana. Por el contravalor en moneda nacional de 35.550,– €, nos permitiremos cargar la cuenta que mantienen ustedes en nuestra institución.

Asegurándoles nuestra cooperación, les saludamos muy atentamente,

Banco Argentino-Germánico

Luis Revilla López
Gerente

Anexo: formulario de solicitud de apertura de crédito documentario

obrar en poder hier: im Besitz sein
hacer saber wissen lassen
retirar abholen
aduana *f* Zoll
cargar la cuenta Konto belasten

Auftrag auf Akkreditivbasis
Pedido a base de crédito documentario

50

➡ Briefe 44, 45, 46, 47, 48, 49, 51, 52

Industrie-Anlagen GmbH
Deichstraße 38/40

D-20459 Hamburg

Estimados señores:

Con referencia a su oferta del 15 del pasado mes y su telefax de hoy confirmando pedido, nos complace pasarles el siguiente pedido en firme:

25 bombas neumáticas, modelo K 20
18 medidores de baja presión, mod. A 3
15 compresores, modelo K 20

a los precios y condiciones especificados en su lista de precios.

Esta operación se efectuará al amparo de un crédito documentario irrevocable por importe de 35.550,– €, a favor de ustedes, a través del Banco Argentino-Germánico, Buenos Aires, al cual hemos dado ya las correspondientes instrucciones de apertura. El crédito será situado sobre su banco, el Deutsch-Südamerikanische Bank, el cual les avisará el mismo, pagadero a la vista contra entrega de documentos.

El envío deberá ser efectuado con fecha límite antes del 10 de abril en un solo embarque, no estando permitido realizar trasbordos.

Les saludamos muy atentamente,

Comercial Argentina, S. A.

confirmar pedido den Auftrag bestätigen
pedido *m* **en firme** Festauftrag
al amparo de hier: abgedeckt durch
crédito *m* **documentario irrevocable** unwiderrufliches Dokumentenakkreditiv
apertura *f* Eröffnung
situar hier: zahlbar stellen
avisar avisieren
pagadero zahlbar
contra entrega de gegen Vorlage von
fecha *f* **límite** äußerstes, spätestes Datum
en un solo embarque in einer einzigen Verschiffung
trasbordo *m* Umladung

51 Unwiderrufliches, bestätigtes Akkreditiv
Crédito irrevocable, confirmado

➡ Briefe 44, 45, 46, 47, 48, 49, 50, 52

Industrie-Anlagen GmbH
Deichstraße 38/40

D-20459 Hamburg

Apreciados señores:

Hemos sido instruidos por el Banco Argentino-Germánico, Buenos Aires, Argentina, para avisar a ustedes que ellos han abierto un crédito irrevocable a favor de ustedes, por cuenta de Comercial Argentina, S. A., Buenos Aires, hasta la suma de 35.550,– €, disponible mediante sus letras a la vista, a cargo del Deutsch-Südamerikanische Bank AG, Hamburgo, Alemania, y acompañado de los siguientes documentos:

1) factura comercial expedida en original y tres copias firmadas, debiendo estar visados el original y una copia por el Consulado Argentino de Hamburgo;
2) juego completo de conocimientos de embarque desde el puerto de Hamburgo al de Buenos Aires, marcados «flete pagado» y consignados al Banco Argentino-Germánico, Buenos Aires;
3) póliza o certificado de seguro cubriendo los riesgos ordinarios de transporte;
4) Certificado de origen.

Embarques parciales y trasbordos no permitidos.

Los documentos deberán evidenciar el embarque de la siguiente mercancía:

«25 bombas neumáticas, modelo K 20; 18 medidores de baja presión, modelo A 3, y 15 compresores, modelo K 20», según pedido núm. 1, CIF puerto de Buenos Aires.

. . ./2

instruir anweisen
abrir hier: eröffnen
por cuenta de auf Rechnung von
letra *f* **a la vista** Sichtwechsel
a cargo de zulasten von
factura *f* **comercial** Handelsrechnung
expedir ausstellen
visar beglaubigen
conocimiento *m* **de embarque** Verschiffungskonnossement
marcar markieren
flete *m* **pagado** Fracht bezahlt
consignar hier: adressieren
cubrir abdecken
embarque *m* **parcial** Teilverschiffung
evidenciar beweisen

/2

Siendo este crédito confirmado por nosotros, nos comprometemos ante ustedes a atender sus giros, siempre y cuando los documentos se ajusten a los términos y condiciones de este crédito documentario.

Los giros deberán mostrar la cláusula «girado bajo carta de crédito núm. . . . del Banco Argentino-Germánico, Buenos Aires, Argentina, de fecha . . .» y su importe deberá ser anotado al reverso de esta Carta de Crédito por el banco negociador.

El banco emisor se compromete ante los libradores, endosantes y tenedores de buena fe de todos los giros expedidos al amparo de este crédito, a que tales giros serán debidamente atendidos a su presentación, acompañados de los documentos ajustados estricta y literalmente a los términos y condiciones de este crédito.

Muy atentamente,

Banco Argentino-Germánico

Crédito sujeto a los «Usos y Prácticas Uniformes para Créditos Documentarios» de la Cámara de Comercio Internacional de París, cuya última edición entró en vigor el 1-1-1994. Publicación nº 500.

comprometerse sich verpflichten
atender hier: einlösen, zahlen
giro *m* Wechsel
ajustarse hier: entsprechen
términos *m/pl* Bedingungen
anotar vermerken
reverso *m* Rückseite
banco *m* **negociador** negoziierende (begebende) Bank
banco *m* **emisor** emittierende Bank
librador *m* **endosante** indossierender Wechselaussteller
tenedor *m* Inhaber
de buena fe guten Glaubens
al amparo de unter dem Schutz von
presentación *f* Vorlage
práctica *f* Gepflogenheit
uniforme einheitlich
entrar en vigor in Kraft treten

52 Akkreditiveröffnung
Apertura de crédito documentario

Briefe 44, 45, 46, 47, 48, 49, 50, 51

Telefax

De: Banco Argentino-Germánico Buenos Aires
A: Deutsch-Südamerikanische Bank Hamburgo

Abrimos crédito irrevocable nº . . . a favor de Industrie-Anlagen GmbH, Hamburgo, por cuenta de Comercial Argentina, S. A., Buenos Aires, por un importe de 35.550,– €, pagadero a la vista en nuestras cajas contra entrega de los siguientes documentos conformes:

- factura comercial, en original y tres copias firmadas
- juego completo de conocimientos de embarque, limpio a bordo, desde puerto de Hamburgo a puerto de Buenos Aires, flete pagado, y consignado a nombre de Banco Argentino-Germánico, Buenos Aires
- póliza o certificado de seguros cubriendo riesgos ordinarios de transporte
- certificado de origen

relativos a un suministro de 25 bombas neumáticas, modelo K 20, 18 medidores de baja presión, modelo A 3, y 15 compresores, modelo K 20, según pedido nº . . .
Condiciones de entrega: CIF Buenos Aires, trasbordos prohibidos, embarques parciales no permitidos.
Crédito valedero hasta el . . .
Rogamos adjunten su confirmación.
Reembolso mediante giro que incluya la cláusula «girado bajo carta de crédito nº . . .»
Crédito sujeto a los «usos y prácticas uniformes para créditos documentarios» establecidos por la Cámara Internacional de Comercio de París».

Atentamente,

Banco Argentino-Germánico

pagadero zahlbar
a la vista bei Sicht
caja *f* Kasse
entrega *f* Übergabe
conocimiento *m* **limpio** reines Konnossement
conocimiento *m* **a bordo** Bordkonnossement
flete pagado Fracht bezahlt
suministro Lieferung
condición *f* **de entrega** Lieferbedingung
prohibir verbieten
valedero gültig
adjuntar hinzufügen
reembolso *m* Einlösung
establecer festsetzen

Ankündigung der Eröffnung eines neuen Geschäfts
Anuncio de la apertura de un nuevo negocio

53

Sra. Dª
María Dolores Moreno Saldana
Calle del Puerto, 45
E-08031 BARCELONA

Distinguida Señora:

Tenemos mucho gusto en comunicarle que acabamos de abrir al público un establecimiento dedicado a la venta de libros, publicaciones y material de escritorio y oficina, y por esta razón deseamos hacerle saber que a partir de este momento nos tiene a su disposición en la dirección:

Novas, 83
08030 Barcelona.

Al remitirle la presente, no tenemos la intención de promover ventas inmediatas, sino ante todo interesarle para que Vd. pueda decidirse cuanto antes a visitarnos.

Disponemos de larga experiencia en este sector comercial, y aspiramos a ofrecerle una ayuda y un servicio como hasta ahora no ha podido Vd. encontrar.

Puede Vd. estar segura de que nos hallará siempre dispuestos a servirle.

Confiando que para el futuro tendrá en cuenta nuestra oferta, aprovechamos la ocasión para saludarle muy atentamente,

Librería y Artículos de Escritorio «Mañana»

➡ Briefe 8, 9, 12, 13

acabar de abrir soeben eröffnet haben
dedicarse a algo sich etw. widmen
material *m* **de escritorio y oficina** Büromaterial
tener la intención die Absicht haben
promover fördern
venta *f* **inmediata** unmittelbarer Verkauf
decidirse sich entscheiden
experiencia *f* Erfahrung
aspirar a trachten, streben nach
confiar vertrauen
tener en cuenta berücksichtigen
aprovechar la ocasión die Gelegenheit wahrnehmen

54 Order für Wertpapierkauf
Orden de compra de valores

Banco Santander de Negocios
Plaza Marqués de Salamanca, 3–4
E-28006 MADRID

Señores:

Con cargo a mi cuenta en euros, ruego a ustedes efectúen la compra, al mejor cambio, de los siguientes valores en la Bolsa de Madrid:

acciones:
50 Fibansa
10 Aegis España

obligaciones:
10 Caixa Galicia Dinero
10 Iberfondo 2020

y mantener en cartera estos títulos por mi cuenta.

En espera de su aviso de ejecución y dándoles las gracias de antemano, les mando atentos saludos,

Luis Rovira

cuenta *f* **en pesetas** auf Pesetas laufendes Konto
efectuar ausführen
al mejor cambio zum besten Kurs
valor *m* Wert, Wertpapier
bolsa *f* Börse
acción *f* Aktie
obligación *f* Obligation, Schuldverschreibung
fondo *m* **de inversión mobiliaria** Immobilienfonds
mantener en cartera aufbewahren, verwalten
título *m* Wertpapier, Titel
aviso *m* **de ejecución** Ausführungsanzeige

Warenversandanzeige
Aviso de envío de la mercancía

55

➡ Brief 56

Comercial Argentina, S.A.
Av. Corrientes, 301
1043 BUENOS AIRES
REPÚBLICA ARGENTINA

Estimados señores:

Por mediación de nuestro banco, el Deutsch-Südamerikanische Bank, nos fue confirmado el crédito documentario irrevocable, abierto por ustedes a nuestro favor por importe de 35.550,– €.

Con fecha de ayer, hemos embarcado en el buque «BREMEN» los equipos industriales correspondientes a su primer pedido a nuestra empresa, habiendo entregado hoy a nuestros mencionados banqueros, de acuerdo con los términos y condiciones del crédito, los siguientes documentos:

- factura comercial en original y 3 copias,
- juego completo de conocimientos,
- póliza o certificado de seguros,
- certificado de origen.

Esperamos que la documentación llegue a su poder a su debido tiempo, a fin de que ustedes puedan hacerse cargo de la mercancía a su llegada al puerto de Buenos Aires.

No dudando que el suministro será de su entera satisfacción, quedamos a la espera de ulteriores pedidos y les saludamos muy atentamente,

Industrie-Anlagen GmbH

mediación *f* Vermittlung
crédito *m* **documentario irrevocable** unwiderrufliches Dokumentenakkreditiv
embarcar verschiffen
buque *m* Schiff
equipo *m* **industrial** Industrieausrüstung
banquero *m* Bankier
términos *m/pl* hier: Wortlaut
factura *f* **comercial** Handelsrechnung
conocimiento *m* Konnossement
certificado *m* **de origen** Ursprungszeugnis
a su debido tiempo zu gegebener Zeit, rechtzeitig
hacerse cargo de verfügen über

56 Benachrichtigung über den Erhalt von Dokumenten
Aviso de recepción de documentos

➡ Brief 55

Comercial Argentina, S. A.
Av. Corrientes, 301
1043 BUENOS AIRES
REPÚBLICA ARGENTINA

Estimados clientes:

Acabamos de recibir de nuestro corresponsal en Hamburgo, Deutsch-Südamerikanische Bank, los documentos relativos al suministro de la firma alemana Industrie-Anlagen GmbH a su empresa.

Hemos encontrado la documentación conforme con los términos y condiciones del crédito documentario establecido para esta operación, por lo que les rogamos pasen por nuestras oficinas a recoger la misma.

Por el contravalor de 35.550,– €, más la comisión de $^1/_2$%, es decir la suma total de . . . pesos, nos permitiremos cargar su cuenta con nosotros, valor 15-X.

Les saludamos muy atentamente,

Banco Argentino-Germánico

Luis Revilla López
Gerente

corresponsal *m* Geschäftspartner, hier: Korrespondenzbank
encontrar conforme für ordnungsgemäß befinden
operación *f* Geschäft
pasar por vorbeikommen
oficina *f* Büro(raum)
contravalor *m* Gegenwert
comisión *f* Provision
cargar belasten

Anfrage wegen kurzfristiger Lieferung
Demanda de suministro a corto plazo

57

➡ Briefe, 58, 59

Correo electrónico a industrie.anlagen@com.de

De: Antonio Herreras
Enviado: Lunes, 10 de Marzo de . . . ., 9.40 horas
Para: Sector Ventas
Asunto: Suministro urgente

Señores:

Debido a la gran demanda, nos vemos en la urgente necesidad de reponer nuestras existencias de válvulas y compresores para la industria frigorífica.

Desearíamos nos comuniquen a la mayor brevedad posible si están en condiciones de suministrar en un plazo máximo de tres semanas

200 válvulas, modelo V3
100 compresores, modelo K3

a los precios y condiciones estipulados en su último catálogo general con lista de precios del mes de agosto pasado. Como en anteriores suministros a nuestra empresa, desearíamos una entrega CIF Montevideo, embalaje marítimo incluido, y pago mediante remesa documentaria.

En espera de su pronta respuesta, les saludamos muy atentamente,

Industrial Latinoamericana, S. L.

demanda *f* Nachfrage
verse en la necesidad sich genötigt sehen
reponer hier: auffüllen
existencia *f* (Lager-)Bestand
válvula *f* Ventil
industria *f* **frigorífica** Kühl-, Gefrierindustrie
plazo *m* Frist
estipular festsetzen
entrega *f* Lieferung
embalaje *m* **marítimo** seemäßige Verpackung
remesa *f* **documentaria** hier: Dokumenteninkasso

58 Transaktion auf Dokumenteninkassobasis
Operación a base de remesa documentaria

➡ Briefe 57, 59

E-Mail an Industrial.Latinoamericana@com.ur

Von: Paul Otto Schneider, Verkaufsabteilung
Datum: 11. März . . . ., 16.30 Uhr
An: Antonio Herreras
Betr.: Suministro de válvulas y compresores

Señores:

Les agradecemos su correo electrónico de hoy en relación con un suministro de

200 válvulas, modelo V 3, y
100 compresores, modelo K 3,

para la industria frigorífica, el cual sólo podría efectuarse parcialmente en el plazo máximo de tres semanas, ya que debido a un pedido de gran consideración de otra empresa, únicamente podríamos entregar en el plazo indicado 75 compresores. Los 25 restantes podrían seguir con un próximo buque.

Para ambos suministros regirán los precios de nuestra lista de precios de agosto. Además aplicaremos en ambos envíos las condiciones de entrega y pago usuales en nuestras transacciones.

La remesa documentaria, compuesta de letra a la vista y acompañada de la documentación usual relativa a la mercancía, sería tramitada a través de nuestro banco en ésta, Deutsch-Südamerikanische Bank, y destinada a sus banqueros, Banco Exterior del Uruguay, a los efectos de cobro.

Les rogamos nos den su conformidad para efectuar su pedido en dos suministros parciales.

En espera de su confirmación por esta vía, les saludamos muy atentamente,

Industrie-Anlagen GmbH

parcialmente teilweise
pedido *m* **de gran consideración** wichtiger Auftrag
seguir hier: nachfolgen
regir gelten
aplicar anwenden
transacción *f* Geschäft
compuesto de bestehend aus
letra *f* **a la vista** Sichtwechsel
tramitar bearbeiten, weiterleiten
a través de durch
ser destinado a bestimmt sein für
a los efectos de für, zum Zwecke von
cobro *m* Einziehung, Inkasso
dar su conformidad sein Einverständnis geben
suministro *m* **parcial** Teillieferung

Übersendung von Dokumenten zum Inkasso
Remesa de documentos en gestión de cobro

59

➡ Briefe 57, 58

Banco de Andalucía
Primo de Rivera, 18
E-11402 JEREZ DE LA FRONTERA (Cádiz)

Señores:

En relación con un suministro de 50 toneladas de hilo de cobre con la motonave «Borkum», CIF Cádiz, les remitimos adjunto los documentos especificados a continuación:

2 conocimientos de embarque
1 póliza de seguros
1 duplicado de factura
1 certificado de origen
1 recibo de carga
1 certificado de análisis

Les rogamos entreguen los documentos citados al consignatario, Talleres Montemayor, S.A., Churruca, 23, Cádiz, contra pago al contado de nuestra factura por importe total de . . . euros.

Según nos indica nuestro cliente, la mercancía llegará a Cádiz a primeros del próximo mes con la motonave «Borkum». El nombre de este barco no figura ni en el conocimiento ni en la póliza de seguros. En estos documentos aparece «Las Palmas», vapor de cabotaje que se hizo cargo de la mercancía en Bremen para su transbordo en Amberes a la motonave «Borkum». Dado que se trata de un conocimiento a forfait no surgirán dificultades para la recepción de la mercancía.

. . ./2

tonelada *f* Tonne
hilo *m* **de cobre** Kupferdraht
motonave *f* Motorschiff
conocimiento *m* **de embarque** Verschiffungs-konnossement
certificado *m* **de origen** Ursprungszeugnis
recibo *m* Empfangsbescheinigung
carga *f* Fracht, Ladung
consignatario *m* Konsignatar, Empfänger
pago *m* **al contado** Barzahlung
figurar en stehen auf
cabotaje *m* Küstenschifffahrt
hacerse cargo de hier: übernehmen
transbordo *m* Umladung
conocimiento *m* **a forfait** hier: Durchkonnossement
surgir auftreten

/2

Una vez efectuado el cobro, les rogamos transfieran el importe resultante, después de deducir sus gastos bancarios, al Dresdner Bank AG, Sucursal en España, Pinar 2–4, 28006 Madrid, para abonar en cuenta en euros, que allí mantiene nuestro cliente.

Esta orden de cobro está sujeta a las «Reglas Uniformes relativas al cobro» (revisión de 1978) de la Cámara de Comercio Internacional de París, publicación nº 322.

Muy atentamente,

Walter & Berger, GmbH

transferir überweisen
deducir abziehen
gasto *m* **bancario** Bankgebühr
abonar en cuenta dem Konto gutschreiben

Bitte um Aufklärung vor Erteilung des Angebots
Demanda de información aclaratoria antes de pasar oferta

60

Industrial Castellana, S. A.
Calle Ponzano, 37
E-28010 MADRID

Señores:

Agradecemos su carta del 2 del corriente solicitando cotización de precios para muelas abrasivas, en las variaciones: vitrificada, de carburo de silicio y aglomerado de baquelita.

Adjunto les remitimos nuestro catálogo de productos abrasivos, en el que podrán apreciar la amplia gama de modelos que fabricamos.

Dado que la mayoría de las muelas abrasivas se emplean para un fin específico, les recomendamos nos indiquen a vuelta de correo qué superficies desean ustedes trabajar con ellas. De especial importancia es la indicación de si se van a aplicar a herramientas manuales o mecánicas, ya que en este último caso también el número de revoluciones es un factor esencial.

Una vez en poder de su respuesta, les haremos una oferta exacta, proponiéndoles muelas abrasivas con el grado de dureza adecuado al trabajo a realizar.

Dándoles las gracias por anticipado por su pedido, les saludamos muy atentamente,

Walter Müller & Co.

solicitar hier: bitten um
cotización *f* **de precios** Preisangebot
muela *f* **abrasiva** Schleifscheibe
vitrificado hochgebrannt
carburo *m* **de silicio** Siliziumkarbid
aglomerado *m* **de baquelita** Bakelitbindung
apreciar schätzen, beurteilen
gama *f* Palette
superficie *f* Oberfläche
indicación *f* Angabe
herramienta *f* **manual** Handwerkszeug
herramienta *f* **mecánica** mechanisches Werkzeug
revolución *f* hier: Umdrehung
una vez en poder de ... sobald wir ... erhalten haben
grado *m* **de dureza** Härtegrad

61 Ablehnung des Auftrages
Rechazo del pedido

Industrias Letamendi, S. A.
Calle Mayor, 14
E-26001 LOGROÑO

Señores:

Acusamos recibo de su atenta carta del 3 del corriente, pasándonos un pedido de 10 hornos industriales «TURBON».

Lamentamos tener que manifestarles que, debido a la gran cantidad de pedidos pendientes, no nos vemos en condiciones de servirlo en el plazo deseado por ustedes.

A estas dificultades se unen, por otra parte, las derivadas de los recientes convenios colectivos, que han originado conflictos laborales en nuestro sector, de forma que no podemos prever, en las circunstancias actuales, cuándo podremos reanudar un servicio normal en nuestras instalaciones.

Dado que ustedes nos informaron que se trata de un pedido muy urgente, sin posibilidad de aplazar, no nos queda otro remedio, muy a pesar nuestro, que considerarlo anulado.

Esperando que esta situación anómala no tenga repercusiones desfavorables en nuestras relaciones, les saludamos muy atentamente,

Franz Krause GmbH

horno *m* **industrial** Industrieofen
manifestar mitteilen
pedido *m* **pendiente** hier: unerledigter Auftrag
verse en condiciones sich in der Lage sehen
unirse hier: hinzukommen
las dificultades derivadas de ... die sich aus ... ergebenden Schwierigkeiten
convenio *m* **colectivo** hier: Tarifvereinbarungen
conflicto *m* **laboral** Arbeitskampf
en las circunstancias actuales unter den gegebenen Umständen
reanudar wieder aufnehmen
muy a pesar nuestro sehr zu unserem Bedauern
considerar algo anulado etw. als storniert betrachten
repercusión *f* Auswirkung

Auftrag mit Versandanweisungen
Pedido con instrucciones de envío

62

Franz Müller GmbH
Adolphsbrücke 130

D-20457 Hamburg

Señores:

Les agradecemos su atenta carta del 10 del corriente, adjuntando catálogo general con lista de precios y condiciones de entrega.

Como primer pedido y a título de prueba, les rogamos nos suministren de forma inmediata los artículos especificados en la nota de pedido que acompañamos a la presente.

Dado que precisamos los artículos indicados en la posición 1 urgentemente, mucho desearíamos nos los remitieran por flete aéreo. El resto del suministro podría ser ejecutado vía TIF.

De acuerdo con las condiciones de pago, éste se efectuará contra entrega de los documentos de expedición, esto es, carta de flete aéreo para el primer suministro (pos. 1) y carta de porte por ferrocarril, régimen TIF, (pos. 2–5) para el segundo envío, en el Banco Industrial de Madrid, mediante aceptación de una letra a 30 días vista.

Les saludamos muy atentamente,

Machado, Ruiz & Co.

Anexo: nota de pedido

catálogo *m* **general** allgemeiner Katalog
a título de prueba probeweise
de forma inmediata sofort
nota *f* **de pedido** Auftragsavis
acompañar hier: beifügen
precisar benötigen
flete *m* **aéreo** Luftfracht
TIF = transporte internacional de ferrocarril internationaler Eisenbahntransport
efectuarse sich abwickeln, erfolgen
contra entrega gegen Übergabe
documentos *m/pl* **de expedición** Versanddokumente
carta *f* **de flete aéreo** Luftfrachtbrief
carta *f* **de porte por ferrocarril** Eisenbahnfrachtbrief
aceptación *f* Akzept

63 Angebot einer Vertretung auf Kommissionsbasis
Oferta de servicios como agente comisionista

Bodegas «La Mancha», S.A.
Calle Mayor, 37
E-13001 CIUDAD REAL

Señores:

Con referencia a la conversación sostenida con su apoderado, señor Luis Montero, en la Feria de la Alimentación ANUGA, en Colonia, me permito ofrecerles mis servicios como agente comisionista para la venta de sus vinos en la República Federal de Alemania.

Como indiqué a su apoderado, me dedico desde hace más de veinte años a la venta en comisión y consignación de vinos y licores, pudiendo asegurarles que si sus productos son de buena calidad y sus condiciones favorables podríamos realizar negocios de consideración.

Cuento con una extensa y acreditada clientela, a la que sirvo a través de colaboradores experimentados, situados en zonas estratégicas del país.

En caso de que mi ofrecimiento encuentre su interés, estaría dispuesto a celebrar una entrevista con ustedes en Ciudad Real, en el curso de la cual podríamos proceder a la firma del correspondiente contrato.

Como referencias pueden dirigirse a las empresas y bancos indicados en la relación adjunta.

En espera de su pronta respuesta, les saluda muy atentamente,

Conrad Schneider

Anexo: Relación

apoderado *m* Bevollmächtigter
Feria *f* **de la Alimentación** Messe für Nahrungs- und Genussmittel
agente *m* **comisionista** Vertreter auf Kommissionsbasis
dedicarse a sich widmen
consignación *f* Konsignation
negocios *m/pl* **de consideración** beträchtliche Geschäfte
acreditado angesehen
clientela *f* Kundschaft
colaborador *m* Mitarbeiter
experimentado erfahren
ofrecimiento *m* Dienstanerbieten, Angebot
celebrar una entrevista ein Treffen abhalten
proceder a hier: durchführen, schreiten zu
relación *f* hier: Liste

Börsenbericht per Telefax
Informe bursátil por telefax

64

Muy Sres. míos:

La primera sesión bursátil del mes actual se caracterizó en las cuatro Bolsas españolas por la consolidación de las ganancias de días anteriores.

Tras tres jornadas de subidas, que colocaron el indicador general por encima del 260%, el mercado de valores madrileño retrocedió varias centésimas, aunque consiguió mantenerse por encima de esa barrera psicológica.

Sólo dos grupos, el de Metal-Mecánicas y el de Comunicaciones, lograron avanzar posiciones. El resto registró retrocesos, aunque en ningún caso superiores a los dos puntos.

Los inversores parecen seguir apostando por una recuperación de los mercados en lo que queda de año, por lo que, a pesar de que los últimos indicadores sobre la evolución de la economía española no son muy alentadores, prefieren mantener e incluso tomar posiciones.

El volumen de negocio, aunque inferior al de jornadas anteriores, se mantuvo por encima de los 14 millones de euros. Tan sólo tres valores, Telefónica, PRYCAY y BSCH, acapararon más de 5 millones de euros, la tercera parte del negocio total.

Por otro lado, la CNMV levantó ayer la suspensión de la cotización en el mercado tradicional de Cementos Rezola, suspendida el 4 de mayo por la presentación de una OPA por parte de Ciments Français.

Saludos,

Yolanda Gómez

sesión *f* **bursátil** Börsensitzung
ganancia *f* Gewinn
jornadas *f/pl* **de subidas** Tage, an denen Kurssteigerungen zu verzeichnen sind
indicador *m* **general** allgemeiner Börsenindex
el mercado de valores madrileño Madrider Wertpapierbörse
retroceder zurückgehen
centésima *f* Hundertstel
avanzar posiciones hier: Punkte gewinnen
registrar retrocesos hier: Punktverluste verzeichnen
inversor *m* Anleger, Investor
apostar por setzen auf
en lo que queda de año hier: für den Rest des Jahres
alentador ermutigend
tomar posiciones hier: Neuzukäufe tätigen, einsteigen
acaparar allein für sich in Anspruch nehmen
levantar hier: aufheben
suspensión *f* **de la cotización** Kursaussetzung
OPA = oferta *f* **pública de adquisición** öffentliches Kaufangebot

65 Angebot und Gegenangebot
Oferta y contraoferta

Carlos Gómez & Cía.
14 de Mayo, 367
Casilla de Correo 174
ASUNCIÓN
PARAGUAY

Estimados señores:

Confirmo mi carta de 8 del corriente, así como nuestros mutuos intercambios de télex, cuyas copias adjunto.

En la tarde del día 8 recibí un télex de ustedes, ofreciéndome en firme:

50 sacos de habas de soja, tipo A
a 180 dólares por tonelada corta

75 sacos de habas de soja, tipo B
a 195 dólares por tonelada corta

100 sacos de habas de soja, tipo C
a 200 dólares por tonelada corta

Estos precios se entienden CFR Hamburgo, incluida mi comisión habitual del 3%. Lamento no haber podido descifrar la quinta palabra, que llegó cortada.

Una vez realizadas las oportunas gestiones, les pude pasar el 9 por la tarde los pedidos siguientes por télex:

50 sacos de habas de soja A, 180 $ ton. c.
comprador A. Metzler

50 sacos de habas de soja B, 195 $ ton. c.
comprador H. Schulz

En cuanto a los 100 sacos tipo C, me ha sido imposible obtener los precios deseados.

.../2

intercambio *m* Austausch, Kontakt
mutuo gegenseitig
ofrecer en firme fest anbieten
haba *f* **de soja** Sojabohne
tonelada *f* **corta** amerik. Tonne (200 lbs.)
entenderse sich verstehen
comisión *f* Provision
descifrar entziffern
cortado zerstückelt
las oportunas gestiones hier: die geeigneten Schritte
obtener erhalten

/2

En vista de ello, al único comprador que he conseguido para estos 100 sacos del tipo C, le he hecho una contraoferta al precio de 185 dólares. Espero que ustedes acepten mi contraoferta y aprovechen esta oportunidad de venta. Se trata de Schürer & Co., firma de reconocida solvencia en esta plaza, con la que tuve en el pasado múltiples ocasiones de realizar transacciones de bastante envergadura a mi entera satisfacción.

En espera de su pronta respuesta, les saluda muy atentamente,

C. Petersen

en vista de ello
deshalb
contraoferta *f*
Gegenangebot
aprovechar la oportunidad
die Gelegenheit nutzen
solvencia *f*
Solvenz, Zahlungsfähigkeit
reconocido
anerkannt
envergadura *f*
Bedeutung, Umfang

66 Anfrage nach Frachtpreisen
Demanda de cotización de flete

➡ Briefe 67, 68

Maldonado & Cía.
Navieros
Paseo de Pereda, 47
E-39001 SANTANDER

Señores:

Les agradeceríamos nos coticen su tipo de flete más reducido para un embarque de 700 toneladas de chatarra desde Santander a Bremen, Alemania.

Rogamos nos comuniquen igualmente qué buque podríamos utilizar, así como la comisión de embarque y demás gastos que ustedes nos cargarían para una entrega de la mercancía franco a bordo Santander.

Si les fuera posible, sería de nuestro interés que se efectuase el embarque en la primera quincena del mes de noviembre.

En espera de sus gratas noticias, les saludamos atentamente,

Richard Joost & Sohn

cotizar hier: anbieten
tipo *m* **de flete** Frachtsatz
chatarra *f* Schrott, Alteisen
comisión *f* **de embarque** Verschiffungsprovision
demás gastos *mpl* weitere Kosten
cargar belasten
franco a bordo FOB
en la primera quincena del mes de noviembre in der ersten Hälfte des Monats November

Frachtofferte
Oferta de flete

67

➡ Briefe 66, 68

Richard Joost & Sohn
Schiffsmakler
Am Wall 168

D-28195 Bremen

Apreciado Sr. Joost:

Recibida su atenta del 17 del corriente, sometimos a su consideración inmediatamente por télex la siguiente oferta:

«Ofrecemos motonave «Santoña» primera quincena . . . pesetas tonelada».

Nos hacemos cargo del transporte de 700 toneladas de chatarra desde Santander a Bremen al precio de . . . euros la tonelada FOB Santander, con ocho días de plazo de estadía, tanto para la carga como para la descarga. Por cada sobreestadía le calcularíamos . . . euros.

Si está conforme con esta oferta, le rogamos nos remita la póliza de fletamento, en cuatro ejemplares, lo antes posible, a fin de que podamos dar las instrucciones pertinentes a nuestro capitán de navío, Sr. Pedro Mendizábal. Nuestra motonave «Santoña» se encuentra actualmente en el puerto de Vigo descargando mineral de hierro, pudiendo llegar a Santander hacia el 10 de noviembre.

En espera de su pronta respuesta, le saludamos muy atentamente,

Maldonado & Cía.
Navieros

someter unterbreiten
motonave *f* Motorschiff
hacerse cargo de übernehmen
plazo *m* **de estadía** Liegetage
carga *f* Aufladen
descarga *f* Abladen
sobreestadía *f* Überliegezeit
póliza *f* **de fletamento** Charterpartie
dar instrucciones Anweisungen geben
pertinente entsprechend
capitán *m* **de navío** Schiffskapitän
encontrarse sich befinden
mineral *m* **de hierro** Eisenerz
naviero *m* Schiffseigner, Reeder

68 Annahme der Frachtofferte
Aceptación de la oferta de flete

➡ Briefe 66, 67

Maldonado & Cía.
Navieros
Paseo de Pereda, 47
E-39001 SANTANDER

Señores:

Acusamos recibo de su oferta del 22 del corriente, así como de su télex de igual fecha. Ayer les enviamos un télex del siguiente tenor: «fleten santoña . . . pesetas tonelada fob santander».

En concreto, aceptamos su oferta en las condiciones siguientes:

. . . euros por tonelada de chatarra desde Santander a Bremen con motonave «Santoña», embarque FOB Santander hacia el 10 de noviembre del año en curso, 8 días de estadía, sobrestadía a . . . euros por día. La chatarra procede de la casa Industrial Larrea, S.A., Legazpi, 53, Santander. Consignatario es la casa alemana Kirchhof & Mertels, Metallwarenfabrik, Börsenhof 13, Bremen.

Adjuntamos a la presente la póliza de fletamento por cuadriplicado.

Esperando sea todo de conformidad y den las instrucciones pertinentes para que el navío llegue a Santander lo antes posible, les saludamos muy atentamente,

Richard Joost & Sohn
Schiffsmakler

Anexos

acusar recibo
Empfang bestätigen
de igual fecha
gleichen Datums
tenor *m* Wortlaut
en concreto
im Einzelnen
año *m* **en curso**
laufendes Jahr
estadía *f* Liegezeit
sobrestadía *f*
Überliegegeld
consignatario *m*
Konsignatar, Empfänger
póliza *f* **de fletamento**
Charterpartie
por cuadriplicado
vierfach
ser de conformidad
in Ordnung sein
lo antes posible
so bald wie möglich

Bitte um Ausstellung einer Pauschalpolice
Solicitud de póliza flotante

69

➡ Briefe 70, 71

Seguros HISPANIA, S. A.
Campana, 120
E-41002 SEVILLA

Señores:

Nos dirigimos a ustedes por recomendación de la casa Franz Möller & Co, Bremerhaven, para preguntarles si su Compañía estaría dispuesta a asegurar un embarque de 2.000 quintales de semillas oleaginosas procedentes de la empresa Ramiro Nadal & Cía., de ésa, para ser embarcadas en el puerto de Cádiz, con destino al puerto de Hamburgo.

Nuestro deseo sería que nos extendieran una póliza flotante que cubra todos los riesgos, es decir, no sólo los riesgos por avería marítima, sino también robo, pérdida de peso, averías por agua salada y exhalaciones del barco, entendiéndose, a ser posible, tales siniestros sin franquicia alguna.

Mediante primas adicionales cubriríamos el retransporte de la mercancía desde el puerto a los diferentes puntos del interior del país, ya sea por ferrocarril, camión u otros medios de transporte.

Esperando sus gratas noticias con interés, les saludamos muy atentamente,

H. C. Bachmann & Co.
Import/Export

recomendación *f* Empfehlung
asegurar versichern
embarque *m* hier: Schiffsladung
quintal *m* span. Zentner (= 46 kg)
semilla *f* **oleaginosa** Ölsamen
proceder de stammen von
con destino bestimmt für
extender ausstellen
póliza *f* **flotante** Pauschal-, Abschreibepolice
cubrir (ab)decken
avería *f* **marítima** Seehavarie
robo *m* Diebstahl
pérdida *f* **de peso** Gewichtsverlust
avería *f* Schaden, Havarie
exhalación *f* Ausdünstung
siniestro *m* Schaden
franquicia *f* Selbstbeteiligung
prima *f* **adicional** Zusatzprämie
retransporte *m* hier: Weitertransport

70 Schadensmeldung an Versicherung
Reclamación al asegurador

➡ Briefe 69, 71

LA ESTRELLA
Seguros Marítimos, S. A.
Colón de Larreátegui, 13
E-48009 BILBAO

Señores:

Con el vapor «Valparaíso» hemos recibido de Hamburgo un suministro, consistente en 70 cajones de material eléctrico, marcados EM 1–70, asegurados por su Compañía contra todo riesgo.

De acuerdo con el certificado de avería adjunto, la mercancía llegó muy deteriorada, debido, según dictamen pericial, a una estiba inadecuada de los cajones a bordo del navío y, como consecuencia de ello, infiltración de agua de mar. Los daños y perjuicios ocasionados se elevan a . . . euros, importe éste que rogamos transfieran a favor de nuestra cuenta en el Banco Bilbao Vizcaya, Sucursal de Frankfurt/M.

Acompañamos a la presente, como justificantes, los documentos relativos a este suministro:

- póliza de seguros
- certificado de avería
- factura de los cargadores
- copia del conocimiento
- contestación negativa del agente naviero a nuestra protesta

En espera de una pronta respuesta, así como de la devolución del conocimiento de embarque, les saludamos muy atentamente,

Wenzel & Lehmann

Anexos

vapor *m* Dampfer
asegurado por versichert durch
contra todo riesgo gegen alle Risiken
certificado *m* **de avería** Havariezertifikat
deteriorado beschädigt
dictamen *m* **pericial** Expertengutachten
estiba *f* **inadecuada** unzweckmäßige Verstauung
como consecuencia de als Folge von
infiltración *f* Eindringen
daños y perjuicios Schäden
ocasionado verursacht
elevarse a sich belaufen auf
justificante *m* Beweisstück
cargador *m* Verfrachter
agente *m* **naviero** Schiffsmakler
protesta *f* Protest, Reklamation
devolución *f* Rücksendung

Vermittlung beim Versicherer
Intervención ante el asegurador

71

➡ Briefe 69, 70

Peñarroya & Cía.
Gran Vía, 27
E-48011 BILBAO

Señores:

Con fecha 5 del corriente recibimos su certificado de avería, en virtud del cual dimos conocimiento a la Compañía de Seguros del daño sufrido por la mercancía durante el retransporte por ferrocarril desde el puerto al punto de destino.

Al efecto, quisiéramos participar a ustedes que la Compañía de Seguros no ha hecho ninguna objeción en cuanto al reconocimiento de los daños y perjuicios, declarando su disposición de indemnizar por completo la pérdida, previa presentación de la póliza y demás documentos de expedición.

Les rogamos, por lo tanto, se sirvan devolvernos estos documentos, a fin de que podamos gestionar el reembolso de la suma en cuestión a su favor.

Esperando haberles complacido, les saludamos muy atentamente,

Hoffmann & Berger

en virtud del cual weshalb, demzufolge
daño *m* **sufrido** erlittener Schaden
punto *m* **de destino** Bestimmungsort
participar hier: mitteilen
objeción *f* Einwand
reconocimiento *m* Anerkennung
declarar su disposición seine Bereitschaft erklären
indemnizar entschädigen
pérdida *f* Verlust
previa presentación nach vorheriger Vorlage
devolver zurückschicken
gestionar betreiben
reembolso *m* Rückerstattung

72 Versandanweisung an Spediteur
Instrucciones de envío al transportista

Transportes Internacionales
Costa & Letamendi
Gran Vía, 113
E-48011 BILBAO

Estimados señores:

Haciendo referencia a su cotización de flete de 15 del corriente, comunicamos a ustedes que hacia finales de mes recibirán por nuestra cuenta de Pablo Ferrer & Hijos un envío consistente en 10 cajas de productos químicos, marcadas M 1–10.

Aproximadamente una semana más tarde, recibirán directamente de nuestra empresa otras 15 cajas, igualmente con productos químicos, marcadas C 1–15.

Consignatario de estas 25 cajas en total es la empresa Luis Echevarría en Guayaquil, a la que ya hemos realizado otros suministros a través de ustedes en diversas ocasiones, y a cuyo nombre han de ser extendidos los conocimientos.

Una vez en poder de ambos envíos, les rogamos procedan a reembalar las cajas procedentes de Ferrer & Hijos de manera uniforme con las nuestras y marcar todas ellas correlativamente «LE/Guayaquil 1–25» para que sean expedidas en un solo lote con el primer barco que salga de ésa con destino a Guayaquíl.

Dado que se trata de productos químicos para la industria fotográfica, muy susceptibles de experimentar cambios de sus propiedades por efecto de la humedad, les rogamos encarecidamente pongan especial atención al estibar las cajas en la bodega del barco.

. . ./2

cotización *f* **de flete** Frachtangebot
por nuestra cuenta auf unsere Rechnung
producto *m* **químico** chemisches Produkt
consignatario *m* Konsignatar, Empfänger
en diversas ocasiones zu verschiedenen Anlässen
haber de ser extendido ausgestellt werden müssen
una vez en poder de sobald wir erhalten haben
reembalar erneut verpacken
marcar correlativamente fortlaufend markieren
en un solo lote in einem einzigen Posten
industria *f* **fotográfica** Fotoindustrie
susceptible anfällig
experimentar cambios Veränderungen erfahren
propiedad *f* hier: Eigenschaft

/2

Sírvanse cubrir el seguro contra todo riesgo marítimo sobre el valor real de la mercancía más el 10% de beneficio imaginario, procurando que la prima no exceda del 2%.

Quedamos en espera de su nota de gastos, acompañando giro a la vista a nuestro cargo por el importe de la nota y eventuales desembolsos a efectuar por ustedes.

Aprovechamos la oportunidad para saludar a ustedes muy atentamente,

Productos Químicos Salazar, S.A.

Federico Salazar López
Gerente Adjunto

poner especial atención besondere Aufmerksamkeit widmen
estibar verstauen
bodega *f* hier: Laderaum
cubrir el seguro Versicherung abschließen
contra todo riesgo marítimo gegen alle Seeschäden
beneficio *m* **imaginario** imaginärer Gewinn
procurar hier: versuchen
prima *f* Prämie
nota *f* **de gastos** Kostenaufstellung
giro *m* **a la vista** Sichtwechsel
desembolso *m* Ausgabe, Auslage
gerente *m* **adjunto** stellvertretender Geschäftsführer

73 Bitte um Fristverlängerung
Petición de prórroga de pago

Rovira & Palacios, S. L.
Saturnino Calleja, 47
E-28002 MADRID

Estimados señores:

Lamentamos tener que comunicarles que, por motivos ajenos a nuestra voluntad, nos es completamente imposible hacer efectiva su letra de cambio por importe de 2.550,– €, vencedera el próximo 20 de abril.

La quiebra de uno de nuestros mejores clientes, así como la práctica paralización de los negocios de nuestro ramo, con el consiguiente retroceso de la cifra de negocios, nos han conducido a esta situación precaria, que esperamos, no obstante, ver superada en corto plazo.

Los motivos expuestos nos obligan a pedirles encarecidamente nos concedan una prórroga de dos meses para hacer efectivo el pago de la deuda, con sus intereses de demora.

Contando con su comprensión y dándoles por anticipado nuestras más expresivas gracias, quedamos a la espera de sus noticias.

Muy atentamente,

Neuman & Wolff

hacer efectivo einlösen, bezahlen
letra *f* **de cambio** Wechsel
vencedero fällig
quiebra *f* Konkurs
paralización *f* Stockung, Stillstand
ramo *m* Sparte, Branche
retroceso *m* Rückgang
cifra *f* **de negocios** Umsatz
situación *f* **precaria** prekäre, schwierige Lage
los motivos expuestos die angeführten Gründe
conceder gewähren
prórroga *f* Stundung, Verlängerung
deuda *f* Schuld
intereses *m* **de demora** Verzugszinsen
comprensión *f* Verständnis

Auftrag zur Ausübung einer Arbitrage
Solicitud de arbitraje

➡ Briefe 75, 76, 77

Enrique Romero & Hijos
Arbitraje de Mercancías
Muelle Pesquero, 29
E-35008 LAS PALMAS DE GRAN CANARIA

Estimados señores:

Con fecha 10 de enero pasado vendimos a la empresa Tejidos Canarios, S.A., según se desprende del aviso de expedición adjunto, una partida de 50 fardos de fibra acrílica.

El suministro en cuestión fue embarcado en Bremen, CIF-Las Palmas, con el vapor «Poseidón».

Dado que la partida mencionada ha sido objeto de controversia en lo que se refiere a su calidad, y no habiendo conseguido, a pesar de nuestros muchos esfuerzos, ponernos de acuerdo con nuestros clientes, éstos han solicitado que se someta el asunto a arbitraje, habiendo enviado muestras precintadas para su análisis a los Sres. Montero & Cía., de ésa.

Les rogamos encarecidamente actúen en representación de nuestros intereses en este asunto, informándonos lo más pronto posible sobre el resultado del laudo arbitral.

Confiando en que lleguen a un arreglo con la parte contraria, y así puedan evitar tener que nombrar un tercer árbitro, les saludamos muy atentamente,

Lehmann & Peters GmbH

Anexo

desprenderse entnehmen
aviso *m* **de expedición** Versandavis
partida *f* Partie, Posten
fardo *m* hier: Ballen
fibra *f* **acrílica** Acrylfaser
suministro *m* **en cuestión** infrage stehende Lieferung
controversia *f* Streit, Kontroverse
esfuerzo *m* Anstrengung
ponerse de acuerdo con Einigkeit erzielen mit
solicitar vorschlagen
someter el asunto a die Sache vorlegen
muestra *f* **precintada** (zollamtlich) verschlossenes, versiegeltes Muster
análisis *m* Analyse
laudo *m* **arbitral** Schiedsspruch
arreglo *m* Vereinbarung, Vergleich
parte *f* **contraria** Gegenpartei

75 Auftrag zur Analysierung einer Warenprobe
Instrucciones para el análisis de una muestra

➡ Briefe 74, 76, 77

Laboratorios Dr. Robles
C/San Andrés, 138
E-15003 LA CORUÑA

Señores:

En relación con un suministro de 100 toneladas de harina de huesos, hemos dado instrucciones a los Sres. Marín & Cía., de Vigo, para que les remitan a ustedes muestras del mismo. Les rogamos se sirvan analizarlas por nuestra cuenta.

La mercancía debe contener, como mínimo, un 4% de nitrógeno y un 2% de ácido fosfórico.

Las muestras deberán llevar el sello de Marín & Cía., así como el de nuestros suministradores, Jover& Arnau.

La nota de gastos deberá ser presentada a Marín & Cía., a los cuales remitirán igualmente el correspondiente certificado de análisis por duplicado.

En caso de que precisen informaciones complementarias, pueden pedírnoslas a vuelta de correo.

En espera de su informe pericial, y dándoles las gracias de antemano, les saludamos muy atentamente,

Hartmann & Wolff

harina *f* **de huesos** Knochenmehl
muestra *f* Muster, Probe
por nuestra cuenta auf unsere Rechnung
contener enthalten
nitrógeno *m* Stickstoff
ácido *m* **fosfórico** Phosphorsäure
sello *m* Siegel, Stempel
suministrador *m* Lieferant
nota *f* **de gastos** Kostenrechnung
certificado *m* **de análisis** Analysezertifikat
precisar benötigen
a vuelta de correo umgehend, postwendend
informe *m* **pericial** Gutachterbericht

Auftrag zur Bemusterung und Gewichtskontrolle
Orden para muestreo y control de peso

76

Sres. Román & Soler
Paseo de Gracia, 97
E-08008 BARCELONA

Apreciados señores:

En los próximos días llegará a ésa, procedente del Uruguay, el vapor «Esmeralda» con un suministro de 50 balas de algodón, marcadas YZ 1–50, con un peso aproximado de 10.000 kgs.

A la llegada del «Esmeralda» al puerto de Barcelona, les rogamos efectúen, como de costumbre, un control y una toma de muestras de cada una de las balas, avisando a su debido tiempo a los Sres. Martorell & Cía., de Sabadell, a quienes hemos vendido la mercancía CIF-Barcelona.

Dado que se trata de un nuevo proveedor, les rogamos nos envíen por correo 10 pequeñas muestras de calidad.

En caso de que el comprador quisiera tarar, les agradeceríamos hagan todo lo posible para salvaguardar nuestros intereses, evitando que se repita una falta tan grande de peso como en el último suministro. Como hemos podido constatar, algunos receptores han hecho últimamente reclamaciones, en nuestra opinión injustificadas, alegando humedad excesiva en el algodón. Les recomendamos presten la mayor atención en la toma de muestras, a fin de que el receptor no pueda utilizar este argumento para alegar una falta de peso.

Esperando recibir dentro de poco su dictamen pericial así como la nota de peso, les saludamos muy atentamente,

Higueras & Núñez

→ Briefe 74, 75, 77

bala *f* **de algodón** Baumwollballen
peso *m* **aproximado** ungefähres Gewicht
efectuar durchführen
toma *f* **de muestras** Muster(ent)nahme
proveedor *m* Lieferant
muestra *f* **de calidad** Qualitätsmuster
tarar hier: (Gewicht) eichen
salvaguardar nuestros intereses unsere Interessen wahrnehmen
falta *f* **de peso** Gewichtsverlust
receptor *m* Empfänger
reclamación *f* **injustificada** unberechtigte Reklamation
alegar behaupten
humedad *f* **excesiva** zu hohe Feuchtigkeit
prestar atención a Aufmerksamkeit richten auf
dictamen *m* **pericial** Gutachterbericht
nota *f* **de peso** Gewichtsnota

77 Ablehnung eines Gutachtens
Rechazo del peritaje

➡ Briefe 74, 75, 76

Mariano Castro & Hijos
Ponsich, 37
E-08820 PRAT DE LLOBREGAT
(Barcelona)

Señores:

Acabamos de recibir el informe de los peritos sobre su reclamación referente a tres cajas de tejidos.

Como podemos constatar, este peritaje no hace referencia alguna a los puntos principales de su reclamación en cuanto a la calidad y el color de los géneros, sino en cuanto al diseño, en el que los peritos pudieron encontrar ciertas divergencias, al parecer, de poca monta.

Después de un detenido examen de la correspondencia intercambiada en el asunto, hemos llegado a la conclusión de que ustedes no tuvieron queja en lo que concierne al diseño, siendo únicamente calidad y color los puntos en litigio, y por lo cual ustedes exigen una rebaja del 5%.

A la vista de lo expuesto, nos vemos obligados a denegar su petición de actuar como sus amigables componedores, a cuyo efecto nos permitimos devolverles adjunto el citado informe.

Sintiendo no poder darles otra respuesta, les saludamos muy atentamente,

Ramírez & Cía.

perito *m* Sachverständiger, Gutachter
tejido *m* Stoff
constatar feststellen
peritaje *m* Gutachten, Expertise
punto *m* **principal** Hauptpunkt
géneros *m/pl* Ware
diseño *m* Muster, Design
divergencia *f* Abweichung
de poca monta ziemlich unbedeutend
examen *m* **detenido** sorgfältige Prüfung
intercambiar austauschen
llegar a la conclusión zum Schluss kommen
queja *f* Beschwerde
puntos *m/pl* **en litigio** strittige Punkte
verse obligado a sich gezwungen sehen zu
denegar ablehnen
petición *f* Antrag, Bitte
amigable componedor *m* freundschaftlicher Vermittler

Weisungen anläßlich eines Konkurses
Instrucciones con motivo de una quiebra

78

Sr. D. Luis Gómez Rubio
Avda. de la Paz, 57
E-49009 BILBAO (Vizcaya)

Apreciado Sr. Gómez:

De su escrito del 10 del corriente deducimos, con pesar de nuestra parte, que nuestros clientes, Aguirre & Larrañaga, de ésa, se han declarado en quiebra.

Aparte del crédito de 21.500,– €, cuya gestión del cobro le habíamos encargado, estos señores nos deben, según factura adjunta, la suma de 15.500,– € correspondientes al último suministro.

Le agradeceríamos se sirva hacer registrar el importe total adeudado de 37.000,– € para su inclusión en la masa pasiva de la quiebra, así como su reconocimiento y graduación en la junta de acreedores.

Adjunto le remitimos el correspondiente poder, a fin de que pueda representarnos en este asunto.

Agradeciendo de antemano su colaboración, le saludamos muy atentamente,

Möller & Co. KG

Anexo

deducir entnehmen
con gran pesar mit großem Bedauern
declararse en quiebra Konkurs anmelden
cobro *m* Einziehung
deber schulden
correspondiente a hier: für
registrar eintragen, vermerken
importe *m* **total adeudado** gesamter Schuldenbetrag
masa *f* **pasiva** Passiv-, Schuldenmasse
reconocimiento *m* Anerkennung
graduación *f* Einstufung, hier: Rangfolge
junta *f* **de acreedores** Gläubigerversammlung
poder *m* Vollmacht

79 Auftrag nach Probebestellung
Orden después de pedido de ensayo

Comercial Agrícola, S.A.
Escultor Benlluire, 35
E-46006 VALENCIA

Señores:

De la nueva orden que nos han pasado con su atenta del 15 del corriente deducimos que el pedido de ensayo del 10 del pasado mes ha encontrado su plena aceptación.

Hemos tomado nota de este pedido como sigue:

30 trilladoras, modelo XL 3
30 arados, modelo A 3
15 rastrillos
10 cultivadores ROTH

a los precios y condiciones especificados en nuestro primer suministro.

Como habíamos convenido, efectuaremos el suministro TIF, ya que esta fórmula de transporte permite ahorrar gastos de carga y descarga de buque y camiones, sobre todo teniendo en cuenta que la mercancía puede viajar directamente desde el apartadero de ferrocarril de nuestra fábrica al de la suya. Tramitaremos esta orden inmediatamente, esperando poder realizar el envío de la mercancía en un plazo de 3 a 4 días.

Para hacerles patente nuestra buena voluntad, y en consideración a la importancia del pedido, accedemos a su deseo de efectuar el pago contra aceptación de una letra a 90 días vista.

Muy atentamente,

Winter & Co. KG

pedido *m* **de ensayo** Probeauftrag
encontrar plena aceptación volle Zustimmung finden
trilladora *f* Dreschmaschine
arado *m* Pflug
rastrillo *m* Rechen
cultivador *m* Grubber, Kultivator
fórmula *f* **de transporte** hier: Transportbedingung
gastos *m/pl* **de carga** Aufladekosten
gastos *m/pl* **de descarga** Abladekosten
apartadero *m* **de ferrocarril** Gleisanschluss
tramitar hier: bearbeiten
hacer patente zeigen, darlegen
buena voluntad *f* guter Wille
acceder zustimmen
efectuar el pago Zahlung leisten
letra a 90 días vista 90-Tage-Sichtwechsel

Ersuchen um einen Blankokredit
Solicitud de un crédito en blanco

80

→ Brief 81

Deutsch-Südamerikanische Bank
Neuer Jungfernstieg 16

D-20354 Hamburg

Señores:

Teniendo la intención de importar próximamente en gran escala maquinaria agrícola alemana en nuestro país, nos dirigimos a ustedes para rogarles nos informen si estarían dispuestos a concedernos un crédito en blanco por importe de 35.000,– € hasta finales del año en curso.

Aunque nuestra empresa cuenta con un capital de explotación considerable, para efectuar nuestras operaciones de importación tenemos que invertir grandes sumas, cuyo ingreso, según nos ha demostrado la experiencia, se produce paulatinamente, motivo éste por el que nos vemos obligados con frecuencia a recurrir al crédito bancario.

Recientemente recibimos la visita de representantes de un grupo industrial alemán, con sede en Francfort, que según fuimos informados, fue fundado con el fin específico de fomentar la exportación de maquinaria agrícola. Tanto los precios como el alto nivel tecnológico del material ofrecido despertaron en nosotros el deseo de entrar en relaciones comerciales con este grupo industrial.

La importancia de nuestra empresa les es bien conocida. Ustedes recordarán sin duda que hace algunos años realizamos compras de material ferroviario en Alemania, utilizando los servicios de su Institución. No obstante, para más referen-

. . ./2

tener la intención vorhaben
en gran escala in großem Maßstab
maquinaria *f* **agrícola** landwirtschaftliche Maschinen
conceder gewähren
crédito *m* **en blanco** Blankokredit
año *m* **en curso** laufendes Jahr
contar con hier: verfügen über
capital *m* **de explotación** Betriebskapital
operación *f* **de importación** Importgeschäft
invertir investieren
ingreso *m* Eingang
verse obligado a sich gezwungen sehen zu
recurrir a zurückgreifen auf
crédito *m* **bancario** Bankkredit
grupo *m* **industrial** Industriekonzern
sede *f* Sitz
fin *m* **específico** ausdrücklicher Zweck
fomentar fördern
material *m* **ferroviario** Eisenbahnmaterial

/2

cias, les rogamos se pongan en contacto con la Cámara de Comercio e Industria Venezolano-Alemana. La dirección postal de dicho organismo es la siguiente:

Avenida del Este, 215
Apartado 61 236 Este
CARACAS

Esperando que ustedes atiendan a nuestros deseos, haciéndonos saber, en caso afirmativo, sus condiciones, les saludamos muy atentamente,

Compañía Venezolana de
Importaciones, S. A.

ponerse en contacto con sich in Verbindung setzen mit
atender a deseos Wünschen entsprechen
en caso afirmativo bejahendenfalls

Antwort auf Ersuchen um einen Blankokredit
Respuesta a solicitud de crédito en blanco

81

→ Brief 80

Compañía Venezolana de
Importaciones, S.A.
Apartado 68 407
CARACAS 1060
VENEZUELA

Señores:

Contestamos a su carta del 10 del corriente solicitando la concesión de un crédito en blanco por el importe de 35.000,– €.

Al respecto quisiéramos comunicarles que la concesión de tales créditos al extranjero está supeditada no sólo a la solvencia de la firma en cuestión, sino también a las probabilidades de un empleo adecuado de los medios financieros concedidos. Aunque no tenemos la menor duda sobre la capacidad financiera de su empresa, con la que en el pasado tuvimos el agrado de mantener relaciones de negocios, su campo de actividades es, a nuestro juicio, y dada la actual situación del sector en su país, muy limitado para justificar un crédito de la cuantía solicitada.

En estas circunstancias, y para demostrarles nuestra buena voluntad de cooperar con ustedes, estaríamos dispuestos a concederles un crédito en descubierto de hasta 20.000 €, importe que esperamos les permita cubrir sus compras de maquinaria agrícola en el período citado.

En caso de que acepten nuestra oferta, les concederíamos las siguientes condiciones:

A partir de la fecha hasta el 31 de diciembre del año en curso ustedes podrán domiciliar en

.../2

concesión *f* Gewährung
estar supeditado a unterworfen sein
solvencia *f* Solvenz, Zahlungsfähigkeit
empleo *m* **adecuado** geeignete Verwendung
medios *m/pl* **financieros** Finanzmittel
tener el agrado de das Vergnügen haben zu
campo *m* **de actividades** Tätigkeitsfeld
a nuestro juicio nach unserem Urteil
justificar rechtfertigen
crédito *m* **en descubierto** ungedeckter Kredit, Kontoüberziehung
cubrir (ab)decken
en el período citado im genannten Zeitraum
domiciliar domizilieren

/2

nuestro banco las letras giradas por el exportador alemán a su cargo. Nosotros, por nuestra parte, haríamos efectivas estas letras al vencimiento, girando a la vez una letra a 90 días vista a cargo de ustedes, que deberán aceptar debidamente y pagar al vencimiento.

Por los importes adeudados, les cargaremos:

- $9\frac{1}{4}$% de intereses en cuenta corriente, remitiéndoles extracto de cuenta trimestralmente
- comisión del $\frac{1}{2}$%
- gastos de correo etc.

Rogándoles nos den su conformidad a la mayor brevedad posible, les saludamos muy atentamente,

Deutsch-Südamerikanische Bank

girar ziehen
a su cargo zu Ihren Lasten
hacer efectivo einlösen
al vencimiento bei Fälligkeit
importe *m* **adeudado** geschuldeter Betrag
cargar berechnen, belasten
intereses *m/pl* Zinsen
extracto *m* **de cuenta** Kontoauszug
trimestralmente vierteljährlich
comisión *f* Provision
gastos *m/pl* **de correo** Zustellgebühren
dar su conformidad sein Einverständnis geben

Übersendung der Rechnung
Envío de factura

82

Talleres Eléctricos
Fernando Plaza
Velázquez, 28
E-15403 EL FERROL (La Coruña)
ESPAÑA

Señores:

Como continuación de nuestra confirmación de venta, con fax del 10 del corriente, remitimos a ustedes adjunto nuestra factura por importe de 40.370,– € correspondiente al suministro de

- 50 taladros eléctricos, modelo Cs-550-RET
- 25 lijadoras eléctricas, modelo PX-115 A
- 90 cajas metálicas para herramientas

En cuanto llegue la mercancía a nuestro poder, la reexpediremos con destino a El Ferrol, remitiendo los documentos de embarque a través del Banco Bilbao Vizcaya para que les sean entregados a ustedes contra aceptación de una letra de 90 días.

Les saludamos muy atentamente,

Robert H. Schröder

como continuación de
im Anschluss an
confirmación *f* **de venta**
Verkaufsbestätigung
taladro *m* **eléctrico**
Elektrobohrer
lijadora *f* **eléctrica**
Elektroschleifmaschine
caja *f* **metálica**
Metallkasten
herramienta *f*
Werkzeug
llegar a nuestro poder
in unseren Besitz gelangen
reexpedir
weitersenden
con destino a
hier: nach
documento *m* **de embarque**
Verschiffungsdokument
entregar aushändigen

83 Übersendung eines Kontoauszugs
Remisión de extracto de cuenta

Martínez Prado & Co.
Plaza Mayor, 32
E-30003 MURCIA

Estimados señores:

Nos complacemos en remitir adjunto el extracto de cuenta correspondiente al segundo trimestre del año en curso, cerrado al 30 de junio, que arroja un saldo a nuestro favor de

50.730 euros

y que confiamos encontrarán conforme.

Por dicho importe, nos permitimos, como de costumbre, girar una letra a su cargo a 30 d/f a la orden del Banco Exterior de España en Francfort.

Esperando sus gratas órdenes, les saludamos muy atentamente,

A. Paulsen & Co.

Anexo: 1 extracto de cuenta

extracto *m* **de cuenta** Kontoauszug
trimestre *m* Quartal
año *m* **en curso** laufendes Jahr
cerrar abschließen
arrojar hier: aufweisen
saldo *m* Saldo
girar ziehen
letra *f* Wechsel
a su cargo zu Ihren Lasten
d/f = días fecha Tage nach Sicht
a la orden an Order

Trattenavis
Aviso de giro

84

Industrias Mendoza, S. L.
Av. Corrientes, 457
1043 BUENOS AIRES
REPÚBLICA ARGENTINA

Estimados clientes:

De conformidad con las instrucciones que nos transmitieron por fax, hemos embarcado hoy en el mercante «Flora», CIF-Buenos Aires, la segunda parte de su pedido del 15 de julio pasado, el cual no pudimos cumplimentar en su día por falta de stocks.

A la presente adjuntamos factura original, factura aduanera y copia del conocimiento. Los conocimientos originales y el duplicado de la factura les serán presentados por el Banco Comercial Argentino de Buenos Aires.

Por el importe de la factura de 145.730 euros, nos hemos permitido girar a su cargo una letra a 60 d/v, documentos contra aceptación, la cual les rogamos atender a su vencimiento.

Esperamos queden satisfechos con esta segunda entrega, que completa así su pedido, y confiamos en que nos favorezcan en breve con ulteriores pedidos, los cuales, como siempre, tramitaremos con el mayor esmero.

Muy atentamente,

Werner Schulze & Co.

3 anexos

de conformidad con in Übereinstimmung mit
mercante *m* Handelsschiff
cumplimentar ausführen
en su día hier: pünktlich
stocks *m/pl* Vorräte, Lagerbestände
factura *f* **original** Originalrechnung
factura *f* **aduanera** Zollrechnung
conocimiento *m* Konnossement
60 d/v = 60 días/vista 60 Tage nach Sicht
contra aceptación gegen Akzept
atender hier: einlösen, zahlen
vencimiento *m* Fälligkeit
entrega *f* (Aus-)Lieferung
favorecer begünstigen, hier: beehren
ulteriores pedidos *m/pl* weitere Aufträge
tramitar erledigen
esmero *m* Mühe, Sorgfalt

85 Beschwerde wegen unreiner Konnossemente
Reclamación por conocimientos defectuosos

Mariano López & Hijos
Plaza Víaga, 3
E-11408 JEREZ DE LA FRONTERA
(Cádiz)

Señores:

Acabamos de recibir su carta del 3 del corriente en relación con el suministro de 25 barriles de vino de jerez, a la que acompañaban factura, póliza de seguros y conocimiento de embarque.

Al examinar el conocimiento, hemos constatado con sorpresa que éste lleva la cláusula «cinco barriles reparados antes del embarque». Esto nos es en extremo desagradable, ya que habíamos vendido la mercancía mientras ésta se hallaba navegando. Consideramos a nuestro cliente como una persona bastante meticulosa, motivo por el cual podemos casi estar seguros de que nos creará dificultades, si observa la menor divergencia en la calidad. Por otro lado, es de esperar que la compañía de seguros ponga igualmente objeciones por no presentarse conocimientos limpios.

Dado que el armador estaba obligado a entregar documentos limpios, no podemos comprender por qué ustedes no le dieron una carta de garantía, como es uso en estos casos.

Les rogamos encarecidamente eviten en el futuro tales incidentes, desagradables para todas las partes, ya que de lo contrario nos veremos obligados a cancelar nuestros pedidos.

Muy atentamente,

Weidemann & Cía.

barril *m* Fass
vino *m* **de jerez** Sherry
póliza *f* **de seguros** Versicherungspolice
conocimiento *m* **de embarque** Verschiffungskonnossement
constatar feststellen
hallarse navegando sich auf See befinden
meticuloso kleinlich, peinlich genau
crear dificultades Schwierigkeiten machen
divergencia *f* Abweichung, Divergenz
compañía *f* **de seguros** Versicherungsgesellschaft
poner objeciones Einwände haben
conocimiento *m* **limpio** reines Konnossement
armador *m* Reeder
carta *f* **de garantía** Revers (zum Erhalt eines reinen Konnossements)
cancelar stornieren

Eröffnung eines ungedeckten Ausfuhrkredits
Apertura de un crédito de exportación en descubierto

86

Ramiro López & Cía.
6 Avenida, 27, zona 10
CIUDAD DE GUATEMALA
GUATEMALA, C.A.

Apreciados señores:

Agradecemos su pronta respuesta a nuestra carta del 15 de agosto pasado.
Una vez consultados nuestros banqueros, nos complace participarles que podemos concederles a ustedes el crédito en descubierto que nos solicitaron por el importe de 150.500,– € (ciento cincuenta mil quinientos).
Procederemos a efectuar suministros parciales hasta alcanzar la suma total del crédito sin girar letra alguna a su cargo.
El tipo de interés es del 8 ½ % anual, tipo que no se puede considerar elevado, teniendo en cuenta que el crédito es concedido sin garantía alguna y únicamente de buena fe.
En reciprocidad, ustedes se esforzarán en proporcionarnos copra procedente de los palmichales de esa región, comprometiéndose a suministrarnos, para su venta en comisión, un mínimo de 100 toneladas por mes, sobre las cuales les adelantaremos el 75% del valor contra documentos.
El correspondiente certificado de calidad deberá ser presentado al Banco de ésa junto con los documentos. Este certificado deberá ser firmado de puño y letra por ustedes, así como por un intermediario, nombrado por nosotros, y por un funcionario autorizado del Banco, que examinará la mercancía antes del envío.
En espera de sus noticias, les saludamos muy atentamente,

Behr, Meyer & Co.

una vez consultados ... nachdem wir ... Rücksprache genommen haben
banquero *m* Bankier
crédito *m* **en descubierto** ungedeckter Kredit
suministro *m* **parcial** Teillieferung
alcanzar erreichen
tipo *m* **de interés** Zinssatz
de buena fe guten Glaubens
en reciprocidad im Gegenzug
esforzarse sich bemühen
palmichal *m* Am: Pflanzung von Ölpalmen
comprometerse sich verpflichten
venta *f* **en comisión** Komissionsverkauf
adelantar vorstrecken
certificado *m* **de calidad** Qualitätszeugnis
de puño y letra eigenhändig
intermediario *m* Zwischenhändler, Vermittler
funcionario *m* Funktionär

87 Vertretungsvertrag
Contrato de representación

En Madrid, a 25 de mayo de . . .

Entre la razón social Jiménez & Romero, S. L. – en lo sucesivo denominada «Sociedad» – y el Sr. Peter Schröder, de nacionalidad alemana y con domicilio en Düsseldorf, DNI núm . . . – en lo sucesivo denominado «Representante» se celebra el siguiente Contrato de Representación General:

1º El Representante se hace cargo de la representación general de los productos de la Sociedad a partir de esta fecha en todo el territorio alemán.

2º El Representante percibirá por su actividad una remuneración bruta de 50.000 (cincuenta mil) euros, más las comisiones e incentivos especificados en el anexo, que forma parte integrante de este Contrato. Los gastos derivados del ejercicio de su actividad, con excepción de los enumerados en el párrafo siguiente, correrán por cuenta del Representante.

3º La Sociedad pondrá a disposición del representante los medios de publicidad y promoción de ventas, así como muestras, listas de precios, etc.

4º El presente Contrato tiene una validez de dos años a partir de la fecha, prorrogándose automáticamente cada 25 de mayo por un año más, salvo que una de las partes contratantes, decida el cese del vínculo contractual. El plazo de preaviso es de tres meses.

5º Este contrato tiene carácter de exclusiva para ambas partes. Ello significa que durante la vigencia del mismo la Sociedad no podrá nombrar otro representante en el territorio alemán y que el Representante no podrá representar otras firmas del mismo ramo.

. . ./2

razón *f* **social** hier: Firma, Gesellschaft
en lo sucesivo im Nachfolgenden
celebrarse stattfinden, hier: abschließen
hacerse cargo de übernehmen
percibir beziehen, erhalten
remuneración *f* **bruta** Bruttovergütung
comisión *f* Provision
incentivo *m* Anreiz
formar parte integrante einen wesentlichen Bestandteil bilden
derivar de sich ergeben aus
ejercicio *m* Ausübung
enumerar aufzählen
correr por cuenta de zulasten gehen von
medios *m/pl* **de publicidad** Werbemittel
promoción *f* **de ventas** Verkaufsförderung
prorrogarse sich verlängern
salvo außer
parte *f* **contratante** Vertragspartei
cese *m* Beendigung
vínculo *m* **contractual** vertragliche Bindung
plazo *m* **de preaviso** Kündigungsfrist
ambas partes *f/pl* beide Seiten
vigencia *f* Gültigkeit
ramo *m* Branche, Geschäftszweig

/2

En caso de litigio, las partes contratantes se someten a la jurisdicción de los tribunales de Madrid.

Las partes contratantes expresan su conformidad con las cláusulas de este Contrato y lo firman ante los testigos de esta capital por triplicado.

Madrid, . . . de Noviembre de 20 . .

Conforme: ______________________________

____

(firmas de las partes)

Presentes: ______________________________

____

____

(firmas de los testigos)

en caso de litigio im Streitfall
someterse a sich unterwerfen
jurisdicción *f* Rechtsprechung, Gerichtsbarkeit
tribunal *m* Gericht
expresar su conformidad sein Einverständnis erklären
cláusula *f* Klausel
firmar unterzeichnen
testigo *m* Zeuge
por triplicado dreifach, in dreifacher Ausfertigung

88 Zahlung durch Scheck
Pago por medio de cheque

Außenhandelsgesellschaft mbH
Hermannstraße 27

D-40233 Düsseldorf

Señores:

Nos complace participar a ustedes que en el día de ayer recibimos, puntualmente y en perfectas condiciones, el suministro de cojinetes de bolas que nos anunciaron por correo electrónico el 25 del corriente.

En cancelación del saldo de su factura, previa deducción del 2% en concepto de pago inmediato, como consta en sus condiciones de entrega, les hacemos llegar el talón adjunto del Banco de Santander por el importe de 50.725 euros.

En espera de su acuse de recibo, aprovechamos la oportunidad para saludarles muy atentamente,

Suministros del Norte, S.A.

Anexo: talón núm. 37597 serie A del Banco de Santander por 50.725,– €

en perfectas condiciones in perfektem Zustand
cojinete *m* **de bolas** Kugellager
en cancelación hier: zum Ausgleich
previa deducción nach vorherigem Abzug
en concepto de als
pago *m* **inmediato** sofortige Zahlung
como consta en wie aus ... hervorgeht
hacer llegar a alguien jdm. zukommen lassen
talón *m* hier: Scheck
acuse *m* **de recibo** Empfangsbescheinigung
aprovechar la oportunidad die Gelegenheit wahrnehmen

Zahlung einer Zollstrafe
Pago de multa aduanera

Pedro Echevarría & Cía.
Manuel Avila Camacho, 67
11560 MÉXICO, D. F.
MÉXICO

Señores:

Con su escrito del 10 del corriente, ustedes nos informan que fueron sancionados con una multa por parte de la Administración de Aduanas por nuestro suministro de azulejos, debido a que en la factura consular sólo se especificó el peso y no las dimensiones en metros cuadrados.

Se trató, en efecto, de una negligencia de nuestro agente marítimo, al que, no obstante, dimos los detalles pertinentes, sabiendo perfectamente que los aranceles sobre este artículo se calculan según superficie.

Para indemnizarles la pérdida sufrida por este incidente, ajeno a nuestra voluntad, hemos dado instrucciones a nuestros banqueros para que les transfieran por SWIFT el importe desembolsado a la cuenta que mantienen ustedes con el Banco Industrial de México.

Muy atentamente,

Fábrica de Cerámica, S. A.

ser sancionado bestraft werden
multa *f* Geldstrafe
Administración *f* **de Aduanas** Zollbehörde
azulejo *m* Kachel
factura *f* **consular** Konsulatsfaktura
dimensión *f* Abmessung
negligencia *f* Versehen, Nachlässigkeit
agente *m* **marítimo** Schiffsmakler
detalles *m/pl* **pertinentes** zur Sache gehörende Einzelheiten
aranceles *m/pl* Zollgebühren
indemnizar entschädigen
pérdida *f* Verlust
ajeno a nuestra voluntad nicht in unserer Macht stehend
transferir überweisen
desembolsar ausgeben, bezahlen

90 Kündigung des Vertretungsvertrags
Rescisión del contrato de representación

Sr. D. José Luis Morales
Martín Arias, 146
E-28019 MADRID

Señor Morales:

Lamentamos tener que expresarle nuestra decepción por los pésimos resultados obtenidos en su actividad como representante de nuestra empresa. El número de pedidos que nos cursó usted desde que se hizo cargo de la representación en España es tan insignificante que sólo podemos atribuir este hecho a una falta absoluta de interés. Las cifras de negocios alcanzadas por nuestros otros representantes fueron en el mismo período de tiempo diez veces superiores a las suyas.

Ya en anteriores ocasiones, le habíamos hecho patente nuestro descontento, pero nuestros esfuerzos por incitarle a dedicarse con más dinamismo e interés al ejercicio de sus funciones fueron en vano.

Dado que nuestra empresa no puede permanecer impasible ante esta situación, nos vemos obligados a rescindir, con efecto el 1 de julio próximo, el contrato de representación acordado con usted. A partir de esa fecha, confiamos la representación de nuestra casa a D. Fernando Soler, Corregidor, 204, 28030 Madrid. Rogamos haga entrega a dicho señor de las muestras y demás artículos publicitarios de nuestra propiedad que obren en su poder.

Hemos dado instrucciones al Dresdner Bank de Düsseldorf para que a través de su Sucursal de

.../2

lamentar bedauern
resultado *m* **pésimo** sehr schlechtes Ergebnis
cursar pedidos Aufträge erteilen
insignificante unbedeutend
atribuir un hecho a eine Tatsache zurückführen auf
cifra *f* **de negocios** Umsatz
alcanzar erreichen
hacer patente darlegen, klarmachen
descontento *m* Unzufriedenheit
incitar anregen, antreiben
dedicarse a sich widmen
dinamismo *m* Dynamik
ejercicio *m* Ausübung
permanecer impasible untätig bleiben
rescindir kündigen
con efecto de mit Wirkung vom
acordar vereinbaren
artículo *m* **publicitario** Werbeartikel
sucursal *f* Filiale

/2

Madrid le transfiera a usted el importe de 950,– €, que le corresponden de los dos últimos pedidos realizados por las empresas Pedro Marín & Cía., de Murcia, y Luis Rovira & Cía., de La Coruña, y le rogamos confirme la recepción del importe citado una vez ingresado en su cuenta.

Sintiendo no poder continuar la colaboración por las circunstancias expuestas, le saludamos atentamente,

M. Schäfer & Co. GmbH

ingresar ankommen, eingehen
sentir bedauern
por las circunstancias expuestas aus den dargelegten Gründen

91 Verschiffung mit Option
Embarque con opción

Comercial de Abonos y Semillas, S. A.
Avenida de los Héroes, 24
SAN SALVADOR
EL SALVADOR, C. A.

Apreciados señores:

Agradezco su carta del 25 del pasado mes, incluyendo factura de consignación, conocimiento y póliza de seguros para 10 toneladas de semillas oleaginosas con el mercante «Floridablanca» con destino a Hamburgo.

Siguiendo sus instrucciones, procederé a la venta de esta partida al mejor precio y por cuenta de ustedes.

Desgraciadamente, estas semillas tienen un contenido de humedad de casi el 3%, por lo que les recomiendo hacer todo lo posible por reducir tan elevado porcentaje en futuros suministros.

Como de costumbre, efectuaré un examen del envío a su llegada al muelle, sacando una muestra para su análisis, comunicando a ustedes seguidamente el resultado del mismo. Pueden estar seguros de que representaré sus intereses en la mejor forma posible en la venta. Quisiera hacerles observar que las semillas se envían cada vez con más frecuencia vía Rotterdam, en lugar de Hamburgo, por cuya razón, y con el fin de aumentar las posibilidades de venta, les aconsejo embarquen en el futuro todos sus suministros con la opción Rotterdam/Hamburgo.

Les saluda muy atentamente,

Franz Lehmann

factura *f* **de consignación** Kommissionsrechnung
semilla *f* **oleaginosa** Ölsamen
mercante *m* Handelsschiff
proceder a la venta den Verkauf in Angriff nehmen
partida *f* Posten, Partie
contenido *m* **de humedad** Feuchtigkeitsgehalt
porcentaje *m* Prozentsatz
efectuar durchführen
muelle *m* Kai
representar los intereses die Interessen vertreten
vía über (örtl.)
por cuya razón aus welchem Grunde
embarcar verschiffen
con la opción mit Option

Angebot einer Exportorganisation
Oferta de servicios de exportación

92

Comercial Castellana, S.A.
Vallejo, 120
E-28039 MADRID

Señores:

Con vivo interés venimos observando como su empresa en el curso de unos años se ha colocado a la cabeza de las firmas del sector, habiendo alcanzado considerables cifras de negocios en el mercado español.

Nuestra empresa, dedicada desde hace casi medio siglo a la promoción del negocio de exportación, podría servirles de plataforma para introducir sus productos en el extranjero, gracias a nuestra experiencia comercial y nuestro conocimiento de los mercados.

Adjunto les remitimos un folleto informativo de nuestra organización, así como una relación de las firmas que utilizan nuestros servicios. Entre nuestros clientes se encuentran, como podrán comprobar, empresas españolas de primera categoría pertenecientes a todos los sectores económicos. Para convencerse por sí mismos de las perspectivas que les abre Ibérica de Exportación, S.A., les sugerimos se pongan en contacto con ellas.

En espera de sus noticias, les saludamos muy atentamente,

Ibérica de Exportación, S.A.

Anexos: 1 folleto informativo
1 relación de clientes

colocarse a la cabeza de sich an die Spitze setzen von
cifra *f* **de negocios** Umsatz
servir de plataforma als Ausgangspunkt dienen
folleto *m* **informativo** Informationsblatt
relación *f* Liste, Aufstellung
comprobar feststellen
sector *m* **económico** Wirtschaftssektor
perspectiva *f* Möglichkeit, Perspektive
proporcionar hier: geben

93 Einberufung zur Hauptversammlung
Convocatoria a Junta general

IBÉRICA DE EXPORTACIÓN, S.A.

JUNTA GENERAL ORDINARIA

Se convoca a los señores accionistas a Junta General ordinaria, a celebar, en primera convocatoria, el día 30 de junio de 20 . ., a las diez de la mañana, en el domicilio social de la Sociedad, sito en la calle Dr. Fleming, 75, 28036 Madrid, y para el caso de que no hubiera quórum suficiente, en segunda convocatoria, el día siguiente 1 de julio de 20 . ., en el mismo lugar y hora, con el siguiente

ORDEN DEL DÍA

1. Aprobación de las cuentas anuales de la Sociedad, cerradas al día 31 de diciembre de 20 . .
2. Aplicación del resultado.
3. Aprobación de la gestión del Consejo de Administración y de la Gerencia.
4. Nombramiento de censores jurados de cuentas para el ejercicio próximo.

Se hace constar, a los efectos previstos en el artículo 104 de la Ley de Sociedades Anónimas, que podrán asistir a la Junta los accionistas que con cinco días de antelación a aquel en el que haya de celebrarse la misma hayan efectuado el depósito de sus acciones en la caja social o, en su caso, del certificado acreditativo de su depósito en una entidad bancaria.

Madrid, a 11 de junio de 20 . .

El secretario del Consejo de Administración

convocar auffordern, einberufen
accionista *m* Aktionär
junta *f* **general ordinaria** ordentliche Hauptversammlung
domicilio *m* **social** Gesellschaftssitz
sito gelegen, befindlich
quórum *m* Quorum, Mindeststimmenzahl
orden *m* **del día** Tagesordnung
cuentas *f/pl* **anuales** Jahresabschluss
aprobación *f* **de la gestión** hier: Entlastung
Consejo *m* **de Administración** Verwaltungsrat
Gerencia *f* Geschäftsführung
censor *m* **jurado de cuentas** vereidigter Abschlussprüfer
ejercicio *m* Geschäftsjahr
se hace constar es wird festgestellt
Ley *f* **de Sociedades Anónimas** Aktiengesetz
caja *f* **social** Gesellschaftskasse
certificado *m* **acreditativo del depósito** die die Hinterlegung glaubhaft machende Bescheinigung

Suche nach einem Verkaufsleiter im Ausland
Búsqueda de un jefe de ventas en el extranjero

➡ Briefe 98, 99

EL PAIS
Miguel Yuste, 40
E-28037 MADRID

Asunto: Inserción de un anuncio

Señores:

Desearíamos que, conforme a los datos que figuran a continuación, publicasen el correspondiente anuncio en la sección «Ofertas de Empleo» de su diario, en el suplemento dominical «Negocios».

«Somos una multinacional líder en el sector de informática, con una plantilla de más de 10.000 empleados y más de 150 delegaciones operando en 25 países.

Para iniciar nuestras actividades en España necesitamos un jefe o una jefa de ventas.

El candidato deberá ser una persona dinámica de 30 a 40 años, con buen nivel de formación profesional o titulación técnica y con conocimientos del producto y del mercado, experiencia mínima de 3 años en dirección de equipos de venta y perfil para tareas de liderazgo. Se valorarán conocimientos de inglés y alemán.

Dado que somos una Compañía en constante expansión, ofrecemos excelentes posibilidades de desarrollo. La retribución bruta se compone de una parte fija de 50.000,– € anuales y el resto en función de los objetivos alcanzados. Incorporación inmediata.

. . ./2

inserción *f* Inserat, inserieren
anuncio *m* Anzeige
sección *f* Abteilung, hier: Rubrik
oferta *f* **de empleo** Stellenangebot
diario *m* Tageszeitung
multinacional *f* multinationales Unternehmen
líder *m* Führer, Marktführer
informática *f* Informatik
plantilla *f* Belegschaft
delegación *f* hier: Vertretung, Delegation
operar tätig sein
iniciar beginnen
jefe *m* **de ventas** Verkaufschef
conocimiento *m* Kenntnis
liderazgo *m* Führung
habilidad *f* Fähigkeit
retribución *f* Vergütung
en función de hier: je nach

/2

Los interesados deberán dirigir su C.V., adjuntando fotografía a MULTINFORMATICA, Departamento de Personal, Pradillo, 37, 28002 Madrid.»

Mucho apreciaríamos nos comuniquen la fecha de publicación más inmediata indicando, al mismo tiempo, los gastos de inserción, que transferiremos mediante cheque a la orden.

Les saludamos muy atentamente,

MULTINFORMATICA

incorporación *f* Einstellung
dirigir a richten an
C.V. (curriculum vitae) *m* Lebenslauf
cheque *m* **a la orden** Orderscheck

Empfehlungsschreiben an Kunden
Carta de recomendación a un cliente

95

→ Brief 96

Banco Industrial, S.A.
Independencia, 145
11560 MÉXICO, D.F.
MÉXICO

Estimados señores:

Por medio de la presente, quisiéramos anunciar a ustedes la próxima visita de los señores Ludwig Müller y Wilhelm Lehmann, socios de la empresa Müller, Lehmann & Co. GmbH, de ésta.

Los citados señores están realizando un viaje de negocios por diferentes países de Iberoamérica para establecer contactos con firmas importadoras de maquinaria agrícola y llegarán a la Ciudad de México, procedentes de Bogotá, en la primera quincena del próximo mes.

Dadas las excelentes relaciones que desde hace muchos años nos unen con dicha firma, apreciaríamos, haciendo uso de su ya tradicional amistad, tengan la gentileza de proporcionar a los señores Müller y Lehmann cuanto apoyo esté al alcance de ustedes durante su estancia en México, contribuyendo así al éxito de su misión.

Con gracias anticipadas por cualquier tipo de asistencia que puedan ofrecer a nuestros clientes, nos ofrecemos a la recíproca para similares servicios y les saludamos muy atentamente,

Dresdner Bank AG

socio *m* Partner, Gesellschafter
viaje *m* **de negocios** Geschäftsreise
establecer contactos Kontakte aufnehmen
firma *f* **importadora** Importfirma
maquinaría *f* **agrícola** landwirtschaftliche Maschinen
la primera quincena die ersten 14 (15) Tage
unir verbinden
tener la gentileza die Güte haben
proporcionar hier: zukommen lassen
apoyo *m* Unterstützung
estar al alcance de hier: verfügen über
a la recíproca im Gegenzug
similares servicios *m/pl* ähnliche Dienste

96 Empfehlungsschreiben an Privatperson
Carta de recomendación a un particular

➡ Brief 95

Talleres Campos & Cía.
Francisco Suárez, 45
E-28036 MADRID

a la atención del Sr. Luis Campos, Gerente

Muy apreciado Sr. Campos:

A petición de nuestro buen amigo y cliente, el Sr. Paul Peters, hemos extendido a su hijo, Bernhard Peters, una carta de presentación y recomendación.

El citado joven quisiera profundizar sus conocimientos del idioma español y ha decidido realizar a tal fin un viaje de estudios a ese país. La primera etapa le llevará a Salamanca, en cuya Universidad se ha inscrito en un curso de verano para extranjeros. Terminado este curso, el Sr. Peters desearía trabajar dos meses en prácticas en una empresa comercial y así familiarizarse con el lenguaje y la técnica de los negocios.

Les quedaríamos sumamente agradecidos si pudieran proporcionarle un puesto de trabajo en su empresa o, de no ser posible, en otra, entre las muchas con que la suya mantiene relaciones.

Expresándoles nuestro agradecimiento por anticipado por el apoyo que no dudamos se servirán prestar a nuestro recomendado y asegurándoles que sabremos corresponder a este favor cuando nos necesiten, les saludan cordialmente,

Hans Koch & Söhne

a la atención de zu Händen von
a peticion hier: auf Bitte
extender ausstellen
carta *f* **de presentación** Vorstellungsschreiben
profundizar vertiefen
viaje *m* **de estudios** Studienreise
inscribirse sich einschreiben
curso *m* **de verano** Sommerkurs
empresa *f* **comercial** Handelshaus
familiarizarse con sich vertraut machen mit
quedar sumamente agradecido äußerst dankbar sein
proporcionar hier: vermitteln
mantener relaciones Beziehungen unterhalten
prestar apoyo Unterstützung gewähren
saber corresponder a un favor sich darauf verstehen, eine Gefälligkeit zu erwidern

Ankündigung des Besuches des Koordinationsleiters
Anuncio de la visita del Jefe de Coordinación

97

Hansa Ibérica, S.A.
Balmes, 195
E-08006 BARCELONA

Estimados señores:

Nuestra empresa, en su afán de intensificar las ventas, inició hace unos meses en este país un programa de promoción, que ha dado un fuerte impulso a la venta de nuestros productos.

Nuestro deseo es ahora hacer extensiva esta fructífera campaña a nuestras representaciones en el extranjero, confiando en que nuestros esfuerzos tengan también allí éxito.

A tal efecto, nuestro Jefe de Coordinación, el Sr. Michael Jansen, persona con indiscutibles dotes organizativas, se desplazará a ésa en el próximo mes de mayo para ponerse en contacto con ustedes.

Rogamos proporcionen al Sr. Jansen cuantas informaciones pueda precisar de ustedes, a fin de estudiar conjuntamente con las personas competentes de su casa el procedimiento a seguir para potenciar las ventas en España. Como hemos podido constatar, éstas mostraron, desafortunadamente, en el último tiempo una tendencia a la baja.

Creemos que, entre otras medidas, una campaña publicitaria en prensa, radio y televisión podría contribuir a mejorar esta situación, y estamos dispuestos, por nuestra parte, a correr con la mayor parte de los gastos derivados de tal campaña.

Dándoles gracias anticipadas por su colaboración, les saludamos muy atentamente,

Hansa International, AG

afán *m*
Bemühen, Streben
intensificar
steigern, verstärken
programa *m* **de promoción** Verkaufsförderungsprogramm
dar un fuerte impulso
starken Auftrieb geben
hacer extensivo a
ausdehnen auf
esfuerzo *m*
Anstrengung
dotes *f/pl* **organizativas**
Organisationstalent
desplazarse a reisen nach, sich begeben zu
precisar
brauchen, benötigen
procedimiento *m*
Verfahrensweise
potenciar verbessern
mostrar una tendencia a la baja eine Abwärtstendenz aufweisen
campaña *f* **publicitaria**
Werbekampagne
prensa *f* Presse
correr con la mayor parte de los gastos
den größeren Teil der Kosten bezahlen
derivar de
sich ergeben aus

98 Bewerbung um eine Stelle als Verkaufsleiter
Candidatura para el cargo de jefe de ventas

➡ Briefe 94, 99, 100

MULTINFORMATICA
Departamento de Personal
Pradillo, 37
E-28002 MADRID

Señores:

En relación con su anuncio en la sección «Ofertas de Empleo» en el diario EL PAIS, me permito por la presente ofrecer mis servicios a su acreditada empresa, creyendo cumplir plenamente, en virtud de mi formación tanto universitaria como profesional, los requisitos que ustedes exigen para el cargo de jefe de ventas.

Como podrán constatar en el curriculum vitae que se adjunta, dispongo de una formación a nivel universitario, habiendo obtenido titulación superior en Ciencias Empresariales, y una experiencia profesional en el sector de informática de casi cuatro años, últimamente desempeñando un puesto de responsabilidad con un equipo de 45 colaboradores.

Mediante los certificados que acompaño en fotocopia, ustedes podrán formarse una idea de mis conocimientos, carácter y aptitudes.

De necesitar referencias sobre mi persona, les ruego se dirijan a las instituciones y empresas mencionadas en mi curriculum.

En espera de que tomen en consideración mi candidatura y asegurándoles que me empeñaré en satisfacerles en todos los conceptos, les saludo muy atentamente,

José Luis Peñarroya

Anexos

en relación con hier: in Bezug auf
ofrecer servicios Dienste anbieten
acreditado angesehen, geachtet
cumplir los requisitos die Voraussetzungen erfüllen
formación *f* (Aus-)Bildung
exigir verlangen
a nivel universitario auf Universitätsebene
titulación *f* akademischer Grad
Ciencias *f/pl* **Empresariales** Betriebswirtschaft
experiencia *f* **profesional** Berufserfahrung
desempeñar un puesto eine Stelle (inne)haben
puesto *m* **de responsabilidad** verantwortliche Position
certificado *m* Zeugnis
aptitud *f* Fähigkeit
candidatura *f* Bewerbung
empeñarse a sich bemühen
en todos los conceptos in jeder Hinsicht

Einladung zu einem Vorstellungsgespräch
Convocando a un candidato para una entrevista

99

➡ Briefe 94, 98, 100

Sr. D. José Luis Peñarroya
Santo Domingo, 37
E-28035 MADRID

Estimado Sr. Peñarroya:

Agradecemos su carta del 10 del corriente en relación con su candidatura para cubrir el cargo de jefe de ventas en nuestra nueva delegación para España.

Después de haber examinado detenidamente la documentación que usted nos proporcionó, nos complace comunicarle que ha sido incluido entre los candidatos seleccionados, creyendo, por nuestra parte, que usted podría reunir las dotes necesarias para desempeñar dicho cargo.

Le agradeceríamos, por lo tanto, se persone en nuestras oficinas el próximo día 20, a las 11 horas, para mantener una entrevista con nuestro Jefe de Personal, el Sr. Ignacio Roldán. De no serle posible acudir en la fecha u hora previstas, le rogamos concierte otra cita de mutua conveniencia con la Srta. Martínez, teléfono 321 44 33.

Muy atentamente,

MULTINFORMATICA

Miguel Ramos
Subdirector de Personal

candidatura *f* Bewerbung
cubrir el cargo die Stelle einnehmen
delegación *f* Vertretung
documentación *f* Unterlagen
dote *f* Gabe, Eigenschaft
reunir vereinigen
cargo *m* Posten
personarse sich vorstellen
oficinas *f/pl* Geschäftsräume
mantener una entrevista ein Gespräch führen
Jefe *m* **de Personal** Personalchef
acudir hier: kommen
concertar vereinbaren, vorschlagen
cita *f* Termin
de mutua conveniencia hier: welche beiden Seiten (an)genehm sind

100 Ablehnung einer Bewerbung
Rechazo de candidatura

➡ Briefe 94, 98, 99

Sr. D. Enrique Navarro
Alameda Mazarredo, 57
E-48009 BILBAO

Distinguido Sr. Navarro:

En respuesta a su atenta carta del 10 del corriente, quisiéramos agradecerle el interés demostrado por nuestra oferta de empleo.

Si bien el estudio cuidadoso de su historial profesional nos ha causado una impresión positiva, creemos que sus aptitudes no corresponden en toda su extensión al perfil requerido para el cargo que ofrecemos.

Por ello, lamentamos no poder darle hoy una respuesta favorable. No obstante, hemos tomado buena nota de su candidatura y no dudaremos en ponernos en contacto con usted, si se presentase ocasión de cubrir un puesto en nuestra empresa más en consonancia con su perfil profesional.

Muy atentamente,

MULTINFORMATICA

Miguel Ramos
Subdirector de Personal

demostrar zeigen
estudio *m* **cuidadoso** sorgfältige Prüfung
historial *m* **profesional** beruflicher Werdegang
causar una impresión einen Eindruck vermitteln
en toda su extensión in ihrem gesamten Umfang
perfil *m* Profil
requerir erfordern
tomar buena nota gern zur Kenntnis nehmen
dudar zweifeln, hier: zögern
ponerse en contacto con sich in Verbindung setzen mit
cubrir hier: besetzen
en consonancia con in Übereinstimmung mit
mérito *m* Wert, Verdienst

Anhang

Währungen der spanischsprachigen Länder

España	el euro la peseta	100 céntimos =
Argentina	el peso	100 centavos
Bolivia	el peso	100 centavos
Colombia	el peso	100 centavos
Costa Rica	el colón	100 céntimos
Cuba	el peso	100 centavos
Chile	el peso	100 centavos
República Dominicana	el peso	100 centavos
Ecuador	el sucre	100 centavos
Guatemala	el quetzal	100 centavos
Honduras	el lempira	100 centavos
México	el peso	100 centavos
Nicaragua	el córdoba	100 centavos
Panamá	el balboa	100 centésimos
Paraguay	el guaraní	100 céntimos
Perú	el Gran Sol	100 céntimos
Puerto Rico	el dólar	100 cents
El Salvador	el colón	100 centavos
Uruguay	el peso	100 centésimos
Venezuela	el bolívar	100 céntimos

Spanische Maße und Gewichte

In Spanien und in den anderen spanischsprachigen Ländern sind neben den zum Dezimalsystem gehörenden Maßen und Gewichten noch vereinzelt ältere Einheiten in Gebrauch, die bisweilen für den Kaufmann von Interesse sein können.

---

a) Längenmaße

1 metro (m.) = 10 centímetros (cm.) = 1000 milímetros (mm.)
1 kilómetro (km.) = 1000 metros

ältere Längenmaße

1 legua (span. Meile) = 5,5727 km = 20 000 pies (Fuß)
1 vara (Elle) = 83,6 cm = 3 pies = 4 palmos (Handbreite) = ca. 21 cm.
1 pie = ca. 29 cm = 12 pulgadas (Zoll)
1 pulgada = ca. 2,3 cm = 12 líneas

---

b) Hohlmaße

1 litro (l.) = 10 centilitros (cl.) = 100 mililitros (ml.)
1 hectólitro (hl.)
1 metro cúbico (m^3)
1 centímetro cúbico (cm^3)

ältere Hohlmaße

1 fanega (Scheffel) = 55,5 l. = 12 celemines (Metze)
1 celemín = 4,625 l.

---

c) Flächenmaße

1 metro cuadrado (m^2)
1 área (a.) = 100 metros cuadrados
1 hectárea (ha.) = 100 áreas

ältere Flächenmaße

1 fanega (auch fanegada genannt) = ca. 64,6 áreas

---

d) Gewichte

1 gramo (gr.)
1 kilo(gramo) (kg.)
1 quintal (span. Zentner) = 46 kilos
1 quintal métrico (Doppelzentner)
1 tonelada (Tonne)

ältere Gewichte

1 quintal = 4 arrobas
1 arroba = 11,502 kg = 25 libras (Pfund)
1 libra (lb.) = 460 gramos = 16 onzas (Unze)
1 onza = ca. 28,7 gr. = 16 adarmes (Quentchen)
1 adarme = ca. 1,79 gr.

Verzeichnis wichtiger Handelsabkürzungen

a.c.	año corriente	laufendes Jahr
a/c	a cargo	zulasten
	a cuenta	auf Rechnung
a/cgo.	a cargo	zulasten
a/cta.	a cuenta	auf Rechnung
acr.	acreedor	Gläubiger
adj.	adjunto	beiliegend
Adm(on)	Administración	Verwaltung
a/f	a favor	zugunsten
apdo.	apartado	Postfach
art. artº	artículo	Artikel
atte.	atentamente	hochachtungsvoll
a/v	a la vista	auf Sicht
Barna.	Barcelona	
Bco.	Banco	Bank
BOE	Boletín Oficial del Estado	Staatsanzeiger
brl.	barril	Fass
bto.	bulto	Ballen
	bruto	brutto
c/	cargo	zulasten von
C/	Calle	Straße
Cª Cía Comp.	Compañía	Gesellschaft
c/c	cuenta corriente	laufendes Konto
CC	Código Civil	Bürgerliches Gesetzbuch
C.deC.	Código de Comercio	Handelsgesetzbuch
c/dto.	con descuento	mit Skonto
CEI	Comunidad de Estados Independientes	Gemeinschaft Unabhängiger Staaten (GUS)
cgo.	cargo	zulasten von
c.i.f.	cost, insurence, freight	
c.i.f.	coste, flete y seguro	
c&f	cost and freight	
c.f.	coste y flete	
cm	centímetro	Zentimeter
C.P.	Código Postal	Postleitzahl (PLZ)
CPD	Cendro de Proceso de Datos	Rechenzentrum Datenverarbeitungsbank
cta.	cuenta	Konto

cta.cte.	cuenta corriente	laufendes Konto
ch.	cheque	Scheck
D	Debe	Soll
D.	Don	Anrede
Dª	Doña	Anrede
D/A	documentos contra aceptación	Dokumente gegen Akzept
dcha.	derecha	rechts
d/f	días fecha	Tage nach Sicht
dif.	diferencia	Differenz
divid.	dividendo	Dividende
dna.	docena	Dutzend
d/p	días plazo	Tage Frist
D/P	documentos contra pago	Dokumente gegen Zahlung
dpdo.	duplicado	Duplikat
Dpto.	Departamento	Abteilung
Dr.	Doctor	Doktor
d/v	días vista	Tage Sicht
ECU	European Currency Unit	
EE.UU.	Estados Unidos	USA
E.G.B.	Enseñanza General Básica	sp. Gesamt- und Hauptschule
e.p.m.	en propia mano	persönlich übergeben
Exca.	Excelencia	Exzellenz
Excmo.	Excelentísimo	Anrede für hochgestellte Personen
fact.	factura	Rechnung
f.a.s.	free alongside ship	
f/c	ferrocarril	Eisenbahn
FF.CC.	ferrocarriles	Eisenbahnen
F.I.M.	fondos de inversión mobiliaria	Investmentfonds
f.o.b.	free on board	
f.o.r.	free on rail	
f.o.t.	free on truck	
G/	giro	Tratte
gr.	gramo	Gramm
gral.	general	allgemein
g/v	gran velocidad	Eilgut
H	Haber	Haben
ha.	hectárea	Hektar
hl.	hectolitro	Hektoliter
Hno(s)	Hermano(s)	Bruder, Gebrüder
id.	ídem	dasselbe, dito

imp.	importe	Betrag
incl.	inclusive	einschließlich
Ing.	ingeniero	Ingenieur
int.	interés	Zins
IPC	Indice de Precios al Consumo	Index der Verbraucherpreise
IRPF	Impuesto sobre la renta de las personas físicas	Einkommenssteuer
IVA	Impuesto sobre el Valor Añadido	Mehrwertsteuer
izq(da).	izquierda	links
kg	kilogramo	Kilogramm
km	kilómetro	Kilometer
l.	litro	Liter
L/	letra de cambio	Wechsel
lb.	libra	Pfund
LIBOR	London Interbank Offered Rate	
Ltda.	Limitada	mit beschränkter Haftung
m.	metro	Meter
m/c m/cta.	mi cuenta	meine Rechnung
m/c m/cgo.	mi cargo	zu meinen Lasten
m.f.	mi favor	zu meinen Gunsten
m/fact.	mi factura	meine Rechnung
MIBOR	Madrid Interbank Offered Rate	
mill.	millones	Millionen
m/L	mi letra	mein Wechsel
mm	milímetro	Millimeter
m/o	mi orden	meine Order
m/v.	meses vista	Monate Sicht
n/	nuestro, nuestra	
N.A.B.	Nomenclatura Arancelaria de Bruselas	Brüsseler Zollnomenklatur
n/c n/cta.	nuestra cuenta	unser Konto
n/cgo.	nuestro cargo	zu unseren Lasten
n/c.c. n/cta.cte.	nuestra cuenta corriente	unser laufendes Konto
n/f	nuestro favor	zu unseren Gunsten
n/L	nuestra letra	unser Wechsel

n/o	nuestra orden	unsere Order
nº núm.	número	Nummer
O.M.	Orden Ministerial	Ministerialerlass
OPA	Oferta Pública de Adquisición (de Acciones)	öffentl. Kaufangebot (von Aktien)
OPV	Oferta Pública de Venta (de Acciones)	öffentl. Verkaufsangebot (von Aktien)
p.a.	por autorización	im Auftrag
P.A.	por ausencia	in Abwesenheit
pág.	página	Seite
p/c p/cta.	por cuenta	auf Rechnung
p.d.	por delegación	in Vertretung
P.D.	postdata	Nachtrag, PS
PED	Procedimiento (o Proceso) Electrónico de Datos	EDV
p.ej.	por ejemplo	zum Beispiel
PER	Price Earning Ratio	Preis/Gewinn-Verhältnis
PIB	Producto Interior Bruto	Bruttoinlandsprodukt
plusv.	plusvalía	Kursgewinn
PNB	Producto Nacional Bruto	Bruttosozialprodukt
p.n/c p.n/cta.	por nuestra cuenta	auf unsere Rechnung
PNN	Producto Nacional Neto	Nettosozialprodukt
Pº	Paseo	Promenade, Allee
p.o.	por orden	im Auftrag
p.p.	por poder	per Prokura
ppdo.	próximo pasado	letzter Monat
pral.	principal	hauptsächlich
Pta(s).	Peseta, Pesetas	
p/v	pequeña velocidad	Frachtgut
PVP	Precio de Venta al Público	Verkaufspreis
PYME	Pequeña y Mediana Empresa	Klein- und Mittelbetriebe
Pza.	Plaza	Platz
q.m.	quintal métrico	Doppelzentner
R.D.	Real Decreto	Königliches Dekret
ref.	referencia	Betreff
RFA	República Federal de Alemania	BRD
R.P.	respuesta pagada	Rückantwort bezahlt

S.A.	Sociedad Anónima	Aktiengesellschaft
S.C.	Sociedad Colectiva	OHG
S.enC.	Sociedad en Comandita	Kommanditgesellschaft
s.b.f.	salvo buen fin	vorbehaltlich richtigen Eingangs
s/c s/cta.	su cuenta	Ihre Rechnung
s/cgo.	su cargo	zu Ihren Lasten
S.E.u.O.	salvo error un omisión	Irrtum vorbehalten
s/f	su favor	zu Ihren Gunsten
s/fact.	su factura	Ihre Rechnung
s/L	su letra	Ihr Wechsel
SMMD	Sociedades mediadoras en el mercado de dinero	Vermittlerstellen am Geldmarkt
s/o	su orden	Ihre Order
Sr(es).	señor(es)	Herr(en)
Sra(s).	señora(s)	Frau(en)
Srta(s).	señorita(s)	Fräulein
S.R.L.	Sociedad de Responsabilidad Limitada	GmbH
TEC	Tarifa Exterior Común	gemeinschaftlicher Außentarif
tel(s).	teléfono(s)	Telefonnummer(n)
TIF	Transportes Internacionales por Ferrocarril	Internationale Eisenbahntransporte
TIR	Transportes Internacionales en Ruta	Internationale Lkw-Transporte
TPV	Terminal en Punto de Venta	Terminal an der Verkaufsstelle
T.T.	transferencia telegráfica	telegrafische Überweisung
TV	televisión	Fernsehen
UE	Unión Europea	Europäische Union
V.B. VºBº	Visto Bueno	gesehen und genehmigt
Vd(s).	usted(es)	Sie (Anrede)
Vda.	viuda	Witwe
v.g.	verbi gracia	zum Beispiel
v/r	valor recibido	Wert erhalten

Verzeichnis wichtiger Organisationen

ACLC	Asociación Centroamericana de Libre Comercio Mittelamerikanische Freihandelsvereinigung
ADELA	Asociación para el Desarrollo Económico de Latino-América Vereinigung für die Wirtschaftsentwicklung Lateinamerikas
AEB	Asociación Española de Banca Spanische Bankenvereinigung
AEC	Asociación Española de Cooperativas Spanischer Genossenschaftsverband
AELC	Asociación Europea de Libre Comercio Europäische Freihandelsvereinigung (EFTA)
ALADI	Asociación Latinoamericana de Integración Vereinigung für die Integration Lateinamerikas
ALALC	Asociación Latinoamericana de Libre Comercio Lateinamerikanische Freihandelsvereinigung
AME	Acuerdo Monetario Europeo Europäisches Währungsabkommen (EWA)
ASTIC	Agrupación Sindical de Transportes Internacionales por Carretera Gewerkschaftsverband für internationale Straßentransporte
ATAI	Asociación de Transporte Aéreo Internacional Internationaler Luftverkehrsverband (IATA)
BANESTO	Banco Español de Crédito (span. Großbank)
BANKINTER	Banco Intercontinental Español (span. Industriebank)
BANKUNION	Unión Industrial Bancaria (span. Industriebank)
BBV	Banco de Bilbao Vizcaya (span. Großbank)
BSCH	Banco Santander Central Hispano (span. Großbank)
BEI	Banco Europeo de Inversiones Europäische Investitionsbank (EIB)
BID	Banco Interamericano de Desarrollo Interamerikanische Entwicklungsbank
BIP	Banco Internacional de Pagos Bank für internationalen Zahlungsausgleich (BIZ)

BIRD	Banco Internacional de Reconstrucción y Desarrollo Internationale Bank für Wiederaufbau und Entwicklung (Weltbank) oder
BM	Banco Mundial Weltbank
CAP	Caja de Ahorros Provincial Provinzsparkasse in Spanien
CCI	Cámara de Comercio Internacional Internationale Handelskammer (IHK)
CEA	Confederación Europea de Agricultura Europäischer Landwirtschaftsverband
CECA	Confederación Española de Cajas de Ahorro Spanischer Sparkassenverband
CEOE	Confederación Española de Organizaciones Empresariales Dachverband der spanischen Unternehmerorganisationen
CEPAL	Comisión Económica para América Latina Wirtschaftskommission für Lateinamerika
CEPYME	Confederación Española de la Pequeña y Mediana Empresa Span. Verband der kleineren und mittleren Unternehmen
CESCE	Compañía Española de Seguros de Crédito a la Exportación Span. Exportkreditversicherungsgesellschaft
CNT	Confederación Nacional del Trabajo Span. Arbeitergewerkschaft
COSA	Cámara Oficial Sindical Agraria Landwirtschaftskammer in Spanien
DGTE	Dirección General de Transacciones Exteriores Generaldirektion für Außenhandelsgeschäfte in Spanien
EFE	span. Nachrichtenagentur
ENESA	Empresa Nacional de Seguros Agrarios staatl. Versicherungsgesellschaft für die Landwirtschaft
FMI	Fondo Monetario Internacional Internationaler Währungsfonds (IWF)
FONAS	Fondo Nacional de Asistencia Social span. Fonds für Sozialhilfe
FORPA	Fondo de Ordenación y Regulación de Productos y Precios Agrarios staatl. Regulationsfonds für Agrarprodukte

ICEX	Instituto Español de Comercio Exterior Institut für Außenhandel in Spanien
ICO	Instituto de Crédito Oficial staatl. Koordinierungsstelle für Kredite in Spanien
INEM	Instituto Nacional de Empleo Staatl. Institut für Arbeit
INSALUD	Instituto Nacional de la Salud Span. Gesundheitsinstitut
INSS	Instituto Nacional de la Seguridad Social Staatl. Sozialversicherung in Spanien
ITV	Inspección Técnica de Vehículos Kraftfahrzeugüberwachungsamt (TÜV)
JEN	Junta de Energía Nuclear span. Atomenergiebehörde
OCDE	Organización de Cooperación y Desarrollo Económico Organisation für wirtschaftliche Zusammenarbeit und Entwicklung (OECD)
OEA	Organización de los Estados Americanos Organisation Amerikanischer Staaten (OAS)
OMC	Organización Mundial del Comercio Welthandelsorganisation (WHO)
ONU	Organización de las Naciones Unidas Organisation der Vereinten Nationen (UNO)
OPEP	Organización de los Países Exportadores de Petróleo Organisation der Eedölexportierenden Länder (OPEC)
OTAN	Organización del Tratado del Atlántico Norte Organisation der Signaturmächte des Nordatlantikpaktes (NATO)
RENFE	Red Nacional de los Ferrocarriles Españoles Staatl. Eisenbahngesellschaft in Spanien
RNE	Radio Nacional de España Staatl. Rundfunk in Spanien
RTVE	Radiotelevisión Española Staatl. Fernseh- und Rundfunkanstalt in Spanien
SELA	Sistema Económico Latinoamericano Lateinamerikanisches Wirtschaftssystem
SME	Sistema Monetario Europeo Europäisches Währungssystem (EWS)

TLC	Tratado de Libre Comercio de Norteamérica Nordam. Freihandelsabkommen (NAFTA)
TVE	Televisión Española Spanisches Fernsehen
UE	Unión Europea Europäische Union (EU)
UEO	Unión de Europa Occidental Westeuropäische Union (WEU)
UEP	Unión Europea de Pagos Europäische Zahlungsunion (EZU)
UGT	Unión General de Trabajadores Span. Arbeitergewerkschaft
UNEPSA	Unión Española de Entidades Aseguradoras, Reaseguradoras y de Capitalización Span. Verband der Versicherungswirtschaft
UNIPYME	Unión de la Pequeña y Mediana Empresa Verband der kleineren und mittleren Unternehmen
UPU	Unión Postal Universal Weltpostverein (UPU)

VinEspa

VinEspa Hauptstraße 161-163 · D-41236 Mönchengladbach

Los buenos vinos de España

VinEspa vinos españoles GmbH
Hauptstraße 161-163
D-41236 Mönchengladbach
Telefon 0 21 66 / 92 42 92
Telefax 0 21 66 / 92 42 91
eMail: vinespamg@t-online.de

Bodegas la Bordonaba
C/Campanario, 27
E-Cenicero 14027 La Rioja
Att. D. Felipe Dubirá

Mönchengladbach, 16 de Febrero de 1999

Asunto: Solicitud de Muestras

Apreciado Felipe:

Tal y como venimos haciendo en los últimos 3 años, te ruego me envíes a la mayor brevedad posible una caja de cada uno de los distintos productos de vuestra bodega, incluídas las novedades.

Me interesa muy especialmente el crianza, recientemente embotellado, y el tinto joven de la última cosecha, que creo tiene una excelente relación calidad-precio.

Necesito, por otro lado, planificar contigo las distintas actividades de promoción de ventas para los clientes nuevos de la zona donde operan mis subrepresentantes. Como estaré en España en la segunda quincena de marzo, quiero pedirte que me indiques una fecha para visitar vuestras instalaciones y abordar dicho tema. Podemos aprovechar además para liquidar el ejercicio de 1999 y planificar los pedidos de este año.

Recibe un saludo muy cordial,

Peter

VinEspa

Postbank Köln 421334501 BLZ 370 100 50 · Sitz der Gesellschaft: 40547 Düsseldorf · HRB Düsseldorf 14081
Geschäftsführer Peter Abegg · NIF-Nr. DE-119273764 · ACCISE-Nr. DE 2600 023513

Musterfax

Fax

Para: VINESPA GmbH
Hauptstraße 161–163
D–41236 Mönchengladbach

A la atención de: D. Peter Abegg, Gerente
Fax: 00 49-21 66-92 42 91

De: Carlos García Barreiro
Bodegas „El Campanario" S.L.
C/Subidita Breve, 79
E–23467 Quintanilla de Onésimo
Fax: 00 34-9 62-27 26 35

Fecha: 19 de Marzo de . . . .

(En caso de recepción incorrecta del presente mensaje rogamos se ponga en contacto con nuestra empresa llamando al número de teléfono 00 34-9 62-27 26 36).

TEXTO:

Estimado Peter:

Con fecha de ayer te hemos enviado una caja completa de muestras del vino elaborado con la última variedad que plantamos. Hemos consultado con varios enólogos y pensamos que puede tener excelente aceptación en el mercado alemán. Las fichas de cata y los resultados del análisis se incluyen en la documentación anexa al envío.

El envío salió por mensajería urgente y previsiblemente lo recibirás a principios de la próxima semana.

Me gustaría que lo dieses a probar a tus clientes y me comuniques los resultados.

Espero tus comentarios y quedo a tu disposición si se plantea alguna cuestión sobre este vino que consideramos muy prometedor.

Un saludo muy cordial,

Carlos G. Barreiro

Muster einer E-Mail

Correo electrónico

De:	Rodriguez, Carlos
Enviado:	Lunes, 7 de noviembre de . . . ., 13.20 horas
Para:	José A. Manzano
Copia:	Vicente Bormeneo
Asunto:	Pedido 234/AX en camino

URGENTE

Mediante el presente correo notificamos la llegada de su pedido 234/AX, de fecha 10 de octubre, confirmado por nuestro fax de 14 de octubre, mediante camión de la empresa DANZAS, durante la mañana del próximo martes, día 8 de noviembre. La descarga será inmediata. Ruego verifiquen cuidadosamente el embalaje del paquete azul anexo al bulto numerado con la marca A-42.

Por si se produjera cualquier incidencia, el teléfono móvil del conductor es el 629-57-90-83.

Saludos

C. Rodriguez/Ferrallistas Reunidos S.A.

Formular „Benachrichtigung über Akkreditiveröffnung"

BANCO
POPULAR
ESPAÑOL

INTERNACIONAL
CEDACEROS, 11 · 28014 MADRID
TELEF. 586 52 34 · FAX 429 11 76
SWIFT POPUESMM · TELEX 22511

NOTIFICACION DE CREDITO DOCUMENTARIO

SUCURSAL OFICINA PRINCIPAL
ALCAIA, 26
28014 MADRID

BENEFICIARIO	BANCO EMISOR
08007 BARCELONA ESPANA	CORAL GABLES FLA-33134 ESTADOS UNIDOS

ORDENANTE
ma

N. ref.
Ref Cor refe
Ref Cli

EMISION	LIM.EXP.	VALIDEZ	ISO	NOMINAL	NOMINAL + TOLERANCIA
12.12.12	12.12.12	12.12.12	USD	10,00	10,00

Muy Sres. nuestros:

Hemos recibido del Banco Emisor indicado el Crédito de referencia, cuya notificación y aviso adjunto le remitimos

- sin compromiso por nuestra parte.

IMPORTANTE:

Rogamos comprueben el condicionado del Crédito, y si observan discrepancias, deberán dirigirse a los compradores solicitando las modificaciones oportunas, para lo cual les ofrecemos nuestra colaboración.

Rogamos que junto con los documentos correspondientes a la utilización del crédito, nos envien los oportunos justificantes de exportación, o nos faciliten los datos necesarios para efectuar la comunicación al BANCO DE ESPAÑA. Asimismo deberán indicarnos si el riesgo de esta operación está cubierto con póliza de la Compañía Española de Crédito a la Exportación (CESCE).

Operación sujeta a las Reglas y Usos Uniformes Relativos a los Créditos Documentarios (última edición de la Cámara de Comercio Internacional).

Atentamente,

BANCO POPULAR ESPANOL
p.p.

SUCURSAL DESTINATARIA. Aviso para el Cliente.

Banco Popular Español, S. A. Domicilio Social: Velázquez, 34 esquina a Goya, 35. Madrid
Reg. Mer. Madrid - T. 174, F. 44, Hoja 5.458, Inscripción 1.ª - N.I.F.: A-28000727

Briefumschlag mit Anschrift in Spanien

HANS WERNER
Apparate- und Maschinenfabrik
Aktiengesellschaft
Prenzlauer Berg 25
10728 Berlin

Rafael Delgado & Cía.
Príncipe de Vergara 95
E-28001 MADRID

Briefumschlag mit Anschrift in Lateinamerika

Schmid & Söhne
Lateinamerika Import- und Export
Lutherstr. 12–16
20189 Hamburg

Banco de Londres y América del Sur
Camacho no. 1–650
Torre Alta, 12º piso
12600 MEXICO, D. F.
MEXICO

Interpunktionszeichen und sonstige Angaben für das Diktat

Punkt	.	punto
Punkt, Absatz	.	punto y aparte
Schlussstrich	.	punto final
Komma	,	coma
Semikolon	;	punto y coma
Doppelpunkt	:	dos puntos
Auslassungspunkte	...	puntos suspensivos
Fragezeichen	¿ ?	(signo de) interrogación
Ausrufezeichen	¡ !	(signo de) admiración o: exclamación
Anführungsstriche	« »	comillas
Gedankenstrich	—	raya
Bindestrich	-	guión
Apostroph	’	apóstrofo
Schrägstrich	/	trazo oblicuo
Klammern	( )	paréntesis
eckige Klammern	[ ]	corchetes
Großbuchstaben	IVA	mayúsculas
große Anfangsbuchstaben	Director General	iniciales mayúsculas
Kleinbuchstaben	director general	minúsculas
Druckbuchstaben	IVA	letras de imprenta
gesperrt	e u r o s	espaciado
abgekürzt	pga.	abreviado
unterstreichen unterstrichen	<u>pga.</u>	subrayar subrayado
in Worten	cinco mil	en letras
in Zahlen	5.000	en números
Pfund-Zeichen	£	símbolo de libra
Dollar-Zeichen	$	símbolo de dólar
Euro	€	símbolo de euro
Und-Zeichen	&	símbolo de y
Prozentzeichen	%	símbolo de por ciento
Überschrift		título
eingerückt		dejar espacio, sangrado
Absatz		párrafo
neue Zeile		punto y aparte
gleiche Zeile		punto y seguido
römische Zahlen	XXI	números romanos
arabische Zahlen	11	números árabes

Alphabetisches Sachregister

(Die Zahlen beziehen sich auf die Nummerierung der Briefe)